市场营销专业教学改革成果
创新教材

推销实训

Tuixiao Shixun

王方　主编

东北财经大学出版社
Dongbei University of Finance & Economics Press

国家一级出版社
全国百佳图书出版单位

图书在版编目（CIP）数据

推销实训 / 王方主编 . 一大连：东北财经大学出版社，2016.8

（市场营销专业教学改革成果创新教材）

ISBN 978-7-5654-2347-5

Ⅰ . 推… 　Ⅱ . 王… 　Ⅲ . 推销 – 高等职业教育 – 教材 Ⅳ .F713.3

中国版本图书馆CIP数据核字（2016）第136262号

东北财经大学出版社出版

（大连市黑石礁尖山街217号　邮政编码　116025）

网　　址：http：//www.dufep.cn

读者信箱：dufep@dufe.edu.cn

大连永盛印业有限公司印刷　　　东北财经大学出版社发行

幅面尺寸：148mm×210mm　　　字数：99千字　　　印张：5.25

2016年8月第1版　　　　　　　2016年8月第1次印刷

责任编辑：张旭凤　周　欢　　　　　　责任校对：惠恩乐

封面设计：冀贵收　　　　　　　　　　版式设计：钟福建

定价：20.00元

序

  《教育部关于以就业为导向深化高等职业教育改革的若干意见》中清晰准确地提出了高等职业教育的培养目标，即高等职业教育应以服务为宗旨，以就业为导向……坚持培养面向生产、建设、管理、服务第一线需要的"下得去、留得住、用得上"，实践能力强并具有良好职业道德的高技能人才。高技能人才职业能力的培养离不开实践教学环节，而实践教学环节包括校内实训和校外实践两个部分。市场营销专业是一个操作性、实践性都很强的专业，实践能力在市场营销专业学生的整体素质中居于非常重要的地位，是学生综合职业能力的重要组成部分。因此，如何有效开展市场营销专业校内实训是每一个高职院校市场营销专业必须面对和解决的问题。

  在现代市场经济条件下，不仅企业存在市场营销活动，而且社会、政治、法律、文化等领域中的非营利性组织和团体也要开展营销活动，市场营销的应用领域事实上已经超出了经济活动的范围，并且越来越受到人们的重视。在职业教育院校，如何切实提高学生的营销技能，使学生具备较强的实际操作能力，是市场营销专业建设的关键之一。

为此，学校如果能够与行业企业紧密合作，以工作过程为线索，根据市场营销实际工作岗位的工作任务和任职要求，参照相关的职业资格标准，编写市场营销实训系列教材，并将其作为市场营销理论的配套教材，势必会对市场营销专业学生实际操作能力的培养有一定的帮助。

在这方面，许多高职院校及骨干教师勇于探索、不断创新，取得了令人欣慰的成果。"市场营销专业教学改革成果创新教材"即是其中之一。

山西省财政税务专科学校是全国首批28所国家示范性高职高专院校之一，其市场营销专业作为教育部高职高专教育教学改革试点专业、国家高职高专示范院校建设中央财政支持重点建设专业，10多年来大胆探索与创新，取得了多项国家级、省级的教学成果。

这套"市场营销专业教学改革成果创新教材"正是在这样的专业发展背景下产生的，其特色与创新体现在：首先，这是职业教育市场营销专业骨干教师持续教学改革与探索的沉淀。编者在充分调研企业工作岗位实践需要的基础上，进行了大胆改革创新，并在实际教学中逐渐完善，在以财经教育专业出版享誉行业的东北财经大学出版社的配合下，形成了独具特色的市场营销专业实训系列教材。其次，教材的呈现形式有所创新，工作任务操作具有仿真效果，属于开先河之举。这套教材根据高等职业教育改革的要求，以职业岗位活动为导向，以仿真工作项目为载体，实现了课堂教学与工作岗位任务的零距离结合。

虽说这套教材是尝试性的创举，但是其凝结了编者多年的教学心血，是智慧的结晶，所以我期待这套"市场营销专业教学改革成果创新教材"能够得到广大同仁的认同与推广，能够在职业教育培养符合社会和时代需要的市场营销高技能人才中发挥一定的作用。

2016年6月

前 言

推销工作处于企业市场营销活动的最前沿，所有的市场营销工作都是在为商品推销的顺利进行作铺垫，同时所有的营销工作的最终成效也都要通过商品推销的成果予以体现。推销不仅给企业带来了经济效益，而且给推销员也带来了个人财富。我国现有数千万销售大军，许多大企业的领军人物都是从推销员干起来的，推销工作是一个充满希望、充满前途的职业。

"商品推销"课程是一门操作性较强的专业课程，因此在教学中，要着重强调推销工作技能的训练，实现课堂与推销工作岗位的零距离对接。为此，《推销实训》教程正是适应这一要求，根据现实推销工作的内容，实现对各类推销岗位工作的模拟仿真训练。

本教材是国家示范性高等职业院校市场营销专业实践教学改革成果的体现，也是编者二十多年来在高职院校"商品推销"课程教学中的经验总结。关于本教材，有以下几点在此作以说明。

1. 工作任务操作仿真性强，创新教材呈现形式

《推销实训》是"商品推销"课程的配套实训教材，强调实际操作。为此，教材在体例上大胆创新，按照工作步骤、工作任务，以填空的形式，引导学生完成推销实际操作，并配以适当的提示说明、岗位资讯、操作实例以保证学生独立完成相应的实训工作。同时，巩固专业知识，实现课堂教学与推销岗位工作的零距离结合。

2. 突破传统推销类教材的体系，按照流通领域的不同设计推销实训项目

按照流通领域的不同设计推销实训项目，实现与实际推销岗位工作任务的一致。每个企业推销人员的工作职责是基本相同的，但面对的市场不同，推销对象（顾客）和推销客体（推销的商品）不同，追求的利益点也有显著的不同。因此，在推销的具体方法、推销重点上会有所不同。为此，书中的实训项目与内容选取了在实际推销岗位中具有代表性的工作内容，具体包括店面推销实训、渠道推销实训、组织市场推销实训、电话推销实训等四个典型实训项目。

3. 推销工作一线人士参与，培养推销岗位新技能

编者在教材设计与撰写过程中，反复与校企合作企业相关人士进行讨论，许多设计思路、操作案例均出自编者多年的商务实践和校企合作企业的无私提供。

本教材由山西省财政税务专科学校王方教授担任主编、进行总体设计并编写实训项目一、实训项目二、实训项目三，安徽财经大学韩佳汛编写实训项目四。在编写过

程中，我们还参考查阅了大量文献资料，吸收了国内许多资深商务人士的宝贵经验和建议，得到了主管单位领导、有关部门和同事们的大力支持和帮助，在此表示诚挚的谢意。同时，在编写中还得到了许多校企合作企业的大力帮助，在此特别向雀巢（中国）有限公司太原分公司张永峰先生及山西黎氏阁商业集团张红生先生表示深深的感谢。

由于编写时间和经验有限，加之高等职业教育改革日益深化，本教材不足之处在所难免，恳请广大读者批评指正。

编　者

2016年4月

目 录

实训概述

一、推销实训的意义

推销岗位处于企业市场营销活动的最前沿，所有的市场营销工作都是在为商品推销的顺利进行做铺垫，同时所有的营销工作成效最终也要通过商品推销的成果予以体现。推销是市场营销专业学生应该具备的基本技能，同时也是一门操作性极强的专业课程。

一方面，推销技能是需要通过不断的实践操作来掌握和提高的，通过推销实训可以让学生在较短的时间里，在专业教师的指导下，结合推销基本理论，通过各种典型推销项目、推销情境的仿真模拟训练，达到提高商品推销操作技能的目的。

另一方面，推销实训课程的开发适应了当前职业教育的基本要求，可以弥补推销课程教学的不足。职业教育强调对学生综合职业能力和专业操作技能的培养，对课程的评价标准强调技能目标、任务训练、以学生为主体，改变了以往学科教育对课程的评价标准即强调知识目标、问答习题、以教师为主体。因此，推销实训可以通过教师引导以及学生发挥主观能动性，来进行各种推销典型项目的模拟操作训练，以实现提高推销技能的目标。

二、推销实训的目标

（一）知识目标

1.掌握商品推销必备的基本理论知识。

2.掌握商品推销应遵循的基本原则。

3.掌握商品推销常规的操作步骤。

4.掌握商品推销常见的技巧策略。

（二）技能目标

1.能够明确店面销售的工作程序与工作内容，按照店面销售的规范，有效地开展导购工作。

2.能够明确渠道推销的工作任务，遵循渠道销售的工作步骤，有效地实施渠道推销。

3.能够明确面对组织市场进行推销的岗位工作任务，遵循面对组织市场进行商品推销的步骤，有效地实施组织市场的推销工作。

4.能比较专业地做好电话销售前的准备工作，遵循电话推销的具体步骤，熟练地用标准的普通话进行表达，进行有效的电话推销。

三、《推销实训》教材的内容与课时安排（见表0-1）

表0-1　　　　　　教材的内容与课时安排

实训项目	实训内容	实训课时数	备注
实训项目一	任务一　导购实训	8	
	任务二　收银实训		
实训项目二	渠道推销实训	8	
实训项目三	组织市场推销实训	8	
实训项目四	电话推销实训	6	
合计		30	

四、实训方法的简介

本课程的实训主要采取在设置的情境中进行角色模拟扮演的方法，以掌握在典型推销岗位下推销的操作技能。在每一个实训项目中，根据实训任务的要求，授课教师设计特定的情境，学生以小组为单位，以所学的理论知识为基础，充分发挥每位学生的优势与特长，以分工合作的方式完成实训内容。根据实训内容的不同可以采取多种实训方法，例如角色模拟扮演、主题讨论、案例分析等，来激发学生的创新意识，锻炼学生的沟通应变能力。

五、实训的考核评价

每个实训项目完成后，先由学生自评或互评，再由教师点评，最后综合评分，填写每个项目对应的考核评价表。课程结束时，将所有项目的考核评价表内的成绩汇总起来评定。实训考核成绩分为优、良、中、及格、不及格五个等级。

实训项目一
店面推销实训

实训任务一　导购实训

◎ 任务设计

导购员在固定的经营区域里，面对不同的消费者进行销售。

◎ 实训目标

1. 掌握导购的工作程序与工作内容。
2. 训练导购的销售技巧。
3. 掌握导购的行为规范。

◎ 实训情境

以超市导购岗位为实训情境，导购员在该岗位完成相关的导购工作。

◎ 实训要求

参加实训的学生选择某一具体品牌的快销品，再选择某一具体超市，根据实训步骤，填写相关内容，模拟完成导购员的工作任务。

◎ 实训操作

导购是由导购员引导顾客促成购买商品的过程。消费者进入店内时，对感兴趣的商品往往还存有不少疑问，这阻碍着购买行为的实现。而导购就是要解除消费者心理的种种疑虑，帮助消费者实现购买行为。导购员作为门店销售的主体，从迎接顾客到商品展示，从完成销售到送走顾客，从完善售后服务到销售技巧的提升，必须遵循一定的规范和采取一定的技巧。优秀的导购员，不仅能突出商场和展台的特色，强化顾客的购物体验，而且能借助"口碑效应"招揽到越来越多的顾客，大幅度提升销售业绩。导购岗位的主要工作，如图1-1所示。

图1-1 导购岗位的主要工作

第一步：销售的准备

一、候客等待

在商店已经开始营业，顾客还没上门或暂时没有顾客光临之前，导购员一般边做销售准备、边等待接触顾客的时机。导购员在此过程中，不仅要想方设法地去吸引顾客的注意，还要随时做好迎接顾客的准备。

（一）正确的候客姿势

_____

_____

_____

（二）正确的候客位置

_____

_____

_____

（三）准备工作

在暂时没有顾客光临时，导购员应抓紧时间做好以下工作：

1.检查商品区的环境_____

_____

2.检查、整理商品_____

_____

3.更换、补充商品_____

_____

4.其他需要准备的工作_____

_____

如果候客的时间较长，导购员还可以抽空制作商品标签和一些简单的宣传品；学习充实有关商品或商品陈列技巧等方面的知识；注意同类竞争对手产品的销售状况和销售活动等。

（四）招呼顾客

_____

_____

时时以顾客为重，当有顾客来时，导购员应该立即停下手中的工作，接待顾客。

导购员错误的行为方式

1.躲起来偷看杂志、剪指甲、化妆、吃零食等。

2.几个人聚在一起嘀嘀咕咕，或是大声说话。

3.胳膊扶在产品、货架上，或把自己的手插在口袋里。

4.背靠着墙或倚靠着货架，无精打采、胡思乱想、倦怠、打哈欠。

5.远离工作岗位，到处闲逛。

6.目不转睛、不怀好意地盯着顾客的行动或打量着顾客的衣服、容貌。

7.专注于整理产品，无暇顾及顾客。

二、初步接触

对于导购员来说，找准与顾客做初步接触的适当时机，是最重要的、也是最困难的事情。

1.产品接近法_____

_____

2.服务接近法_____

_____

3.当顾客在浏览产品时，不愿意被别人打扰（可能会说："我什么都不买，只是随便看看。"）。在这种情况下，_____

_____

4.针对脾气较暴躁、"刺头"类型的顾客，需要_____

_____

岗位资讯1-2

导购员与顾客接触的时机

导购员与顾客的初步接触，主要发生在几种情况下：

1.当顾客与导购员的目光相遇时，需要导购人员点头微笑，同时询问顾客是否需要提供服务。如果顾客表示只是随便看看，就应给予顾客宽松的个人空间，让其自行选购；在顾客需要帮助时，再第一时间上前提供服务。

2.当顾客四处张望，像是在寻找什么的时候，需要导购员及时上前打招呼，提供商品咨询服务，进行产品介绍。

3.顾客在店内边走边浏览货架上的商品，当突然停下脚步注视某一商品的时候，也是导购员与其打招呼的最好时机。

4.当顾客用手触摸商品时，导购员可以上前与其打招呼。因为顾客对某种商品抱有兴趣时，往往会有用手触摸、拿在手上翻看、来回调试的动作。

5.当顾客主动询问有关商品的情况时，说明他对此商品已经非常感兴趣了，导购员在此时应详细地进行介绍。

操作实例 1-1
商场里的"销售冠军"

某商场的销售冠军是一位四十多岁的女营业员，在熟悉她的人眼里，她是一位性格比较内向的柜台销售人员，然而她的工作业绩却令人刮目相看：她在商场一个非常偏僻的柜台销售商品，销售量却比别人多出几倍。为此，公司派人专门观察了她一个星期的柜台销售工作。

当顾客走近柜台时，发现她不像一般柜台销售人员那样立刻热情地迎上去，迫不及待地说："我给你介绍一下我们的商品吧……"而是微笑着朝顾客点一下头，简单地打个招呼："欢迎您的光临！"让顾客自由自在地置身于商品的选择当中。她仅仅只对顾客保持随时的关注，当顾客从神态、举止中流露出对商品的兴趣时，才适时地走过去，针对顾客感兴趣的商品加以介绍。

第二步：展示商品

一、商品说明

导购员要为顾客做商品的说明，首先必须精通商品知识，让顾客产生信任感，然后有针对性地进行商品介绍。介绍商品要从以下几个角度谈起：

1.介绍商品本身的情况_____

_____

2.介绍商品的使用情况_____

_____

3.介绍时引用例证_____

_____

4.向顾客进行商品使用方法的演示_____

_____

5.同类商品的比较_____

_____

6.商品的发货方式和交货周期_____

_____

7.售后服务的运作情况_____

_____

产品说明的技巧

1. 让顾客了解产品的用途及优点。

2. 尽可能地鼓励顾客触摸、试用产品。推销员不仅要将产品的有关知识解释给顾客听，在需要的情况下，还要尽可能地找机会让顾客触摸、试用，充分调动顾客的购买欲望。

3. 要注意调动顾客的情绪。如果促销员不顾及顾客的感受，顾客可能只记得你讲的一小部分，还可能因不感兴趣或反感而扭头就走。如果能与顾客展开对话，让顾客发表意见，促销员在适当的时机主动提问并回答一些问题，就会大大提高成交的几率。

4. 语言要流畅，避免口头禅。在对产品进行说明时，要避免"啊"、"嗯"、"大概"、"可能"等口头禅或表达含糊不清的语言，以避免让顾客以为你对产品不熟悉或表述内容不诚实。

5. 尽可能地让顾客看到同类产品的相互比较。顾客在购买产品时都希望在许多同类产品中挑出一件自己最中意的产品。所以，促销员应提供不同的产品供顾客自由选择。一来能够满足顾客的需求，二来大多数的顾客希望买到的产品是由自己经过理智挑选过的，而不是盲目接受的。

二、顾问式服务

所谓顾问式服务就是导购员要真诚地帮助顾客，不论顾客能否在产品知识和自身决策方面做何种程度的选择，导购员都要站在顾客的立场上为其着想，使他们能放心、愉快地购物。

经过导购员的一番详细说明之后，顾客对产品的特性、价格等已经有了全面的认识，甚至会产生强烈的购买欲望。但是，大多数的顾客在这个阶段是不会冲动地立即掏出钱包的，顾客还处于"比较权衡"的过程中。所以在此时，促销员应把握住机会，提供一些有价值的建议给顾客，供其参考，帮助顾客下决心购买。

> **操作实例1-2**
> **营业员错误的接待方法**
>
> 1.营业员"热情似火"，消费者"望而却步"
>
> 有些营业员缺乏基本的推销知识，一味地认为只要"热情似火"，便可"无往不胜"，不能根据每位消费者的实际情况（如消费者的性格）迅速地制定有针对性的推销策略，结果往往事倍功半。笔者曾见过这样一个场景：一位腼腆的男士想买洗面奶，但每当他随手拿起一个品种，营业员就无休止地热情介绍此品牌

产品的用法、用途和特点等。结果那位男士很局促，买洗面奶的念头也打消了。在"摆脱"了营业员的"热情介绍"后，他长长地舒了一口气："真厉害，我真不敢再来了！"正所谓："人叫人摇头不语，货叫人点头自来。"

2.营业员"大肆围剿"，消费者"无所适从"

营业员只从个人的利益出发，不顾超市的整体利益，互相争抢顾客，最终导致顾客的反感而使超市的整体利益受到损害。例如在某超市，一位顾客想买一种洗发膏，这时，几乎所有促销洗发膏的营业员都围过来，每个人都拿着自己的产品喋喋不休地介绍。这让顾客无所适从，很是烦躁，结果谁也没达到成交的目的。

3.营业员"百折不挠"，消费者"莫名其妙"

某些营业员为了扩大自己的销售"业绩"，互相诋毁。比如，顾客已经选择好了商品，这些营业员还是不断"劝说"顾客购买自己推销的商品，这样只能最终损害了超市的良好形象。

三、处理反对意见

1.积极地倾听顾客对商品的意见_____

_____

2.在回答顾客的异议之前，应有短暂的停顿_____

_____

3.分担顾客的困惑，对顾客目前的处境表示理解_____

_____

4.复述顾客提出的问题_____

_____

5.抱着诚恳、积极的态度_____

_____

6.不与顾客争辩，提出解决问题的方案_____

_____

7.无法处理有关问题时，应与商场或促销主管取得联系_____

_____

操作实例 1-3
销售过程中处理异议的方法

第一种方法：迂回委婉法

顾客永远是对的，即使不对也不要直接地指出来，而是先同意顾客的异议，同时从另一个角度说服顾客，取得与顾客的一致意见。比如顾客说："E100分太贵了。"你就可以对他说："是呀！的确贵了点，但是它可使用6年，还是挺划算的，不是吗？"

第二种方法：举例法

当异议是因为顾客对产品的功能和效果产生怀疑时，就应当举例告诉顾客，使其打消上述顾虑。比如，顾客说："E100分真的对学生的学习有效吗？"你可以说："我理解你的想法，许多顾客一开始也有这样的疑虑，但他们使用产品1周后就没有这种疑虑了。"

第三步：完成销售

一、掌握成交的时机

（一）建议购买

1.直接成交_____

_____

2.假设成交_____

_____

3.刺激成交_____

_____

岗位资讯1-4

顾客打算购买的信号

通过导购员详细的商品介绍和周到的服务，顾客一旦对某一商品有了购买意愿，往往就会从言行上不由自主地发出某些购买信号。一旦顾客出现购买信号，导购员就要自然地停止产品介绍，转入建议购买的攻势中。机会稍纵即逝，需要好好把握。

体现出顾客购买意愿的信号可分为语言上的信号和

行为上的信号两种。

第一种：顾客语言上的信号

1.反复关心商品的某一优点或缺点，再三询问早已弄清楚了的问题。

2.舍弃了很多同类商品，只对其中的一件详加询问、反复挑选。

3.再三征询同伴对商品的意见。

4.讨价还价，要求优惠。

5.询问有无附件或其他赠送品。

6.开始关心售后服务的详情。

第二种：顾客行为上的信号

1.离开后又转回来，并察看同一商品。这是非常明显的购买信号。

2.面露兴奋神情，说明某种商品与其事先想象中的相差无几。

3.从一进门开始，就对着商品东摸西看，并不断地发问或陈述自己的意见；但从某一时刻起，停止了对话，似乎若有所思，内心在权衡买还是不买。

4.让导购员拿同一品种不同款式、颜色的商品，然后非常仔细地进行比较。

5.不停地把玩或端详商品，对商品表现得爱不释手。

6.一边看商品，一边微笑地点头，表示对此商品很有好感。

（二）成交

1.缩短付款的时间＿＿＿＿＿＿＿＿＿＿＿＿＿＿＿＿＿＿

＿＿＿＿＿＿＿＿＿＿＿＿＿＿＿＿＿＿＿＿＿＿＿＿＿＿＿

2.缩短拿取商品和包装的时间＿＿＿＿＿＿＿＿＿＿＿＿＿

＿＿＿＿＿＿＿＿＿＿＿＿＿＿＿＿＿＿＿＿＿＿＿＿＿＿＿

（三）出售连带产品

＿＿＿＿＿＿＿＿＿＿＿＿＿＿＿＿＿＿＿＿＿＿＿＿＿＿＿

＿＿＿＿＿＿＿＿＿＿＿＿＿＿＿＿＿＿＿＿＿＿＿＿＿＿＿

＿＿＿＿＿＿＿＿＿＿＿＿＿＿＿＿＿＿＿＿＿＿＿＿＿＿＿

（四）送走顾客

＿＿＿＿＿＿＿＿＿＿＿＿＿＿＿＿＿＿＿＿＿＿＿＿＿＿＿

＿＿＿＿＿＿＿＿＿＿＿＿＿＿＿＿＿＿＿＿＿＿＿＿＿＿＿

＿＿＿＿＿＿＿＿＿＿＿＿＿＿＿＿＿＿＿＿＿＿＿＿＿＿＿

（五）售后服务

＿＿＿＿＿＿＿＿＿＿＿＿＿＿＿＿＿＿＿＿＿＿＿＿＿＿＿

＿＿＿＿＿＿＿＿＿＿＿＿＿＿＿＿＿＿＿＿＿＿＿＿＿＿＿

岗位资讯1-5

售后服务的注意事项

1.对购买后回来咨询问题的顾客，应热情、耐心地予以接待。

2.对待投诉的客户，也应热情地接待、耐心地解释。确因本公司的产品或服务质量引起的问题，应及时解决并表示歉意。问题较严重的，应先安抚好顾客的情绪，并马上向业务主管或其他上级汇报。业务主管必须核定事实，了解客户的需要，商洽合适的解决办法，达成初步谅解。注意不可拖延，以防事态扩大。

操作实例1-4

一个退货建议如何"孕育"了一笔新的购买？

刘先生2010年1月10日在××专卖店里购买了一款茶几，由于刘先生自己的疏忽，估错了尺寸，买后到了家里才发现大小不合适，便及时给接待他的导购员打了电话。导购员接到电话了解实际情况后，告知顾客"这款产品目前只有这款尺寸，要是实在不合适可以给退货"。听到这样的答复，刘先生才放下心来。

第二天，刘先生将购买的茶几送回到了店里，导购员和往常一样认真、热情地接待了顾客。随后，导购员让刘先生先休息一下，由店方办理退款手续。刘先生在等待的过程中，另一位导购员主动陪他聊天，刘先生想起家里的沙发还缺一款沙发套，决定在退款的价格基础上再加500元，订购了××专卖店的一款沙发套。

⭕ **实训检查**

1.提醒学生导购过程的规范性。

2.提示学生填写工作日报表、客户档案等作业文件的规范性。

3.组织学生交叉评价各自的工作成果。

4.点评每个学生的工作。

5.邀请企业兼职教师点评工作成果。

◎ 工作岗位讨论

1.对某类消费品顾客的特征进行描述。

2.导购员如何吸引顾客？

3.列举常见的导购错误行为。

4.店面顾客抱怨包括哪些？应如何处理？

◎ 工作岗位实例分析

背景资料 1-1

推销时"欠"真诚，一件产品没卖掉

推销？不就是卖东西吗？谁不会！第一次做推销员，我根本没把推销当回事儿。一天，一位顾客显然对我负责的产品很感兴趣，进商场后就直奔我这儿来了。我立即笑脸相迎。"您真有眼力！这款音响产品音色清纯透亮，低音浑厚、震撼力强，是新产品。它无论从性能到结构特点，从性价比到售后服务，都远胜过其他杂牌音响。您听，音质多棒！听着就是一种享受。和它一比，别的品牌根本算不上音响，听那种音质，就是在受罪……"

我继续往下介绍，可不知为什么，那位顾客抬头看了

看我，扭头走了，一句话也没说。我愣在原地，怎么也摸不着头脑。

仔细回想一下自己先前的推销过程，完美得几乎无懈可击：热情的态度、标准的职业微笑、详细生动的介绍、清晰流畅的语言……我这么热情而熟练的推介，他理应被感动，并对我推销的产品产生几分好感才是，怎么反倒莫名其妙地走了呢？看着他的背影，我真想跑上前去问个究竟。不过，这时又来了其他顾客，我便继续工作。

可是，之后遇到的几个顾客的反应都差不多。不是转转就走，就是表情麻木，表现最好的也只是淡淡地问了几个问题，白费了我热情细致的介绍。推销了1天，说得我口干舌燥，却一台音响都没卖出去！我的前任推销员每天能卖出去五六台产品呢，怎么到我这儿就卖不动了呢？这种情况持续了一周，我开始怀疑是不是自己的推销方法出了问题。

【问题讨论】

1.文中的推销员为什么一台音响也没有卖出去？

2.如果你是推销员，应该如何向顾客进行音响产品的介绍？

背景资料 1-2

"一句话"颠覆药店终端"首荐率"

作为一名药品销售人员，我总会想到一个问题：什么指标最能体现拜访药店以后的效果？答案有很多种，其中普遍被大家认可的就是"首荐率"。我做过OTC专员，也曾经一直认为，只有加强客户工作，使终端药店的店员在面对每位客户时都能首先推荐我们的产品，才有可能获得更大的销售业绩；而作为管理者，也可以通过"首荐率"的抽查来评价OTC专员的工作情况，并形成相当完善的工作模式。在OTC终端工作中，这样的观点被广泛认可，尤其是一些不做广告的产品和一些处方药品。

但是，在经历一次无意中的市场体验之后，我几乎将以上的想法完全否定了。

体验：我没有买自己的产品

在一次市场调查工作中，由于天气原因，我感冒了，于是便到附近的药店去买药。本来想买我们公司的产品，肥水不流外人田嘛。

我来到一家规模中等的药店，这也是我们的重要客户。在来这家店之前，我也询问了OTC专员，他们明确告诉我这家店有我们的产品，从他们的介绍中，我听到了其掩饰不住的骄傲。

当我走到感冒药专柜前，一眼就看到我们的产品摆在了最佳的位置，很吸引人。当我准备让店员拿药时，店员先一步向我询问：

"您是要买感冒药吗？"

"是的。"

"这种药不错，您可以考虑试试。"店员将我们公司的产品拿了出来。

就在这个时候，我忽然想到了什么，没有马上买，而是问：

"这个药啊，没用过，很好吗？"

"那当然了，我跟您讲啊……"

她说了什么，我并没有完全记清楚，但结果是我没有买我们公司自己的产品。之后，我连续去了7家药店，其中有6家首先推荐了我们的产品，可我都没有买！为什么呢？是店员的介绍让我放弃了。因为，即便是我，也无法接受店员那过分"热情的介绍"。

首先是吹牛，把我们的产品说成了神药；其次是乱承诺，像"肯定"、"没副作用"、"马上见效"之类的词被多次使用；还有不少对于药品介绍的常识性错误；最严重的就是动机不纯，强推硬卖，贬低其他产品，好像这样能得到多大好处似的。还有其他一些情况，在此就不一一列举了。

问题：重新认识终端

在第二天的工作会议上，我首先提出的问题就是"什么是终端"。既然每个人都在说自己在做终端，也不断地介绍终端该怎么做，那就一定要弄明白这个问题。

什么是终端呢？把这个问题交给所有的业务员，都不一定能得到很准确的解释。其实，也很难给出准确的答案。我查了各种资料，发现观点各式各样，其中有一种观点最让我认可："终端是产品从生产出来到被消费掉的整个过程中的最后一个环节。"当我们以这样的定义来界定"终端"的概念时，就会立刻发现一个大问题：原来我们做的并不是终端工作，而是终端的上一个环节。这个结论是很多专员没有想到的，可却是事实！如果我们接受这个事实，那么，就必须马上接受另一个事实——我们的工作与业绩产出并不存在着直接相关的关系。换句话说，业绩的产出并不完全取决于我们怎么做，而关键在于最后一个环节，在于最后一个交易过程的双方——客户和店员。实际上，我们的所有工作都是为了让这个真正的终端可以顺利地完成交易，而那些渠道、商业、管理……都只有当最后一个环节的交易顺利完成了才有实际意义。从这个层面上看，终端工作的重要性才真正地体现出来。

关键："成交率"就是"水龙头"

既然如此，我们工作的重点需要调整吗？这是毋庸置疑的，必须把"成交率"的概念放到我们终端工作的思路中去。这样的观点虽然很多销售人员已经多次提到过，但是出发点很显然不是基于"终端"概念的，而且无法体现其重要性。

基于上述想法，我们可以将销售的过程比喻成供水过程：我们提高了"铺货率"和"首荐率"就是在增加水压，而"成交率"就是水龙头的大小。水龙头放水的速度自然需要更好的水压来保证，然而水压再大，如果水龙头太小也是没有意义的，甚至是浪费。我们所有的OTC专员，就是那个放大水龙头的关键人。重要的是，如何做到这一点呢？经过一段时间的讨论和研究，我提出了"一句话"工作法。

颠覆："一句话"工作法的引入

可以设想，当店员向客户推荐某一产品时，肯定希望客户来购买。那么，就需要通过吸引人的介绍来推广这个产品。

什么是"一句话"

考虑到客户买药时的心态，以及愿意听店员介绍的程度，我们有效的工作时间大约在10秒左右，而10秒的时间，仅仅够我们说一句话。那么，我们就要保证这一句话的效果，通过这一句话，来赢得客户的购买。

一句什么样的话？

客户在购买药品时，其需求虽然是多样的，但由于药品是特殊的商品，与其他商品有着不同的功效。一件衣服可以因为其品牌被选择，也可以因为其折扣被选择，而药品必须要有疗效才有意义。因此，最到位的"一句话"应该能够最准确、最简洁地将药品的特点解释出来，并且要有很强的说服力，同时将重点放在安全、针对适应症等方面。

怎样形成"一句话"

我们首先要扎实地学习相关药品的知识，以储备对药品丰富、深刻的认识。

然后针对病人的需求，将药品的特点到位地总结出来，这就构成了"一句话"的素材。接着，考虑如何组织语言表述，要用通俗易懂的方式表达出来，同时还需将本药品与同类药品的差异性解释清楚。在表述时，需要特别注意的是，像"效果好"、"品牌好"、"质量好"之类的话最好少用，因为这些话不能让客户形成对该药品的准确认知，是没有意义的，甚至会令人反感。

例如：某感冒药是针对以头痛和肌肉痛为主要症状的

感冒，那么，我们就可以这样表达——"这种感冒药每天只要吃一粒，大人小孩都能用，对于头痛和肌肉酸痛的改善特别明显。我每次遇到类似情况的感冒都是吃这种药的，您不妨试试。"

如何推广"一句话"

我们的OTC专员在药店拜访时，除了完成查货等工作外，还通过让店员记住我们推荐的、能够到位地描述相关药品的"一句话"，来帮助其推广产品。这样的方式简单，与销售工作联系紧密，店员比较容易接受。还可以组织有关活动，对那些学得快、说得好的店员给予一定的奖励。

如何评价和调整"一句话"

管理者可以定期抽查并了解"一句话"的推广情况，了解"一句话"对"成交率"的贡献，然后根据需要进行合理的调整。

"一句话"工作法的效果怎么样

"一句话"工作法开始使用后，最让人感到欣慰的是，越来越多的客户熟悉了我们的产品，成了回头客，甚至成了我们的产品义务推广员；而店员通过实践这样的表达方法，发现个人的"成交率"提高了，工作的成就感也增强了，更愿意主动学习相关产品的知识。与此同时，整体的销售业绩也实现了稳步的增长。

【问题讨论】

1.分析在校大学生购买手机时的关注点。

2.就自己的手机，用"一句话"来进行介绍。

● 工作岗位角色演练

演练项目：消费品的导购

【演练目的】

1.体会店面销售前应进行的准备工作。

2.掌握店面销售的工作程序与工作内容。

3.训练店面销售的技巧。

4.掌握店面销售的行为规范。

【演练要求】

1.每位学生选择一种消费品进行消费品店面销售的模拟。

2.自选或指定一位或几位学生作为销售的对象。

3.搜集所售消费品的岗位资讯。

4.做好消费品销售前的各项准备工作。

【演练步骤】

1.资讯准备

● 熟悉所售消费品的品种、特征及该品种消费品的市场容量情况。

● 了解该类消费品的消费者情况。

2.工作任务实施

● 根据某种消费品的具体情况，设计店面销售场景。

● 每位同学进行某种消费品的店面模拟销售。

3.工作检查与评价（见表1-1）

● 学生互评。

● 教师对每位学生推销礼仪、行为举止、衣着予以评价。

- 教师对每位学生的模拟推销进行评价。
- 教师对每位学生进行综合成绩评定。

表1-1　　　　　　　　消费品模拟导购考核表

班级：_____考核对象：_____考核时间：_____

评分项目	细化标准		优秀	良好	合格	不合格	得分
导购准备 （20分）	准备充分，有样品或产品资料，形象设计合理，有详细的销售计划		18～20分	15～17分	11～14分	10分以下	
基本素质 （20分）	仪表得体，态度诚恳，普通话标准，表达清楚流畅，谈吐自然，动作协调，应变能力强		18～20分	15～17分	11～14分	10分以下	
导购设计 （40分）	导购过程清晰，并能在各阶段中合理体现销售的技巧和方法	接近客户	9～10分	7～8分	5～6分	4分以下	
		介绍商品	9～10分	7～8分	5～6分	4分以下	
		异议处理	9～10分	7～8分	5～6分	4分以下	
		建议成交	9～10分	7～8分	5～6分	4分以下	
演示效果 （20分）	在规定的1～2分钟内完成整个产品的导购过程，过程连贯，并使客户感到满意		18～20分	15～17分	11～14分	10分以下	
评价					得分小计		

28　　　　　　　　　　　　　　　　　　　　　　推销实训

实训任务二　收银实训

◉ 任务设计

收银员在其工作岗位完成收银等相关工作。

◉ 实训目标

1.了解收银员的主要工作职责。
2.熟悉收银工作的程序。
3.掌握POS收银机的操作规程。

◉ 实训情境

以超市收银岗位为学习情境，收银员在该岗位完成相关的收银工作。

◉ 实训要求

参加实训的学生从领取底金开始，根据实训步骤填写相关的内容，模拟完成收银员的工作任务。

◉ 实训操作

超市收银员的工作不仅仅关系到各个门店营业收入的准确性，而且顾客一进入到超市往往第一个看到的工作人员就是收银员，而当顾客选好商品到出口处结算货款时，接触到的工作人员还是收银员，所以收银员的服务态度和服务质量直接体现了企业的形象和管理水平，关系重大。收银员在其整个收银作业的过程中，除了结算货款外，还包括：对顾客的礼仪态度，以及向顾客提供各种商品和服务的信息、解答顾客的提问、做好商品耗损的预防，还有现金作业的管理、促销活动的推广、卖场安全管理工作等各项管理工作。收银员在其工作岗位实训操作的步骤，如图1-2所示。

图1-2 收银员工作岗位实训操作的步骤

第一步：上机前的准备

一、清洁、整理收银作业区

_____

_____

二、整理、补充必备的物品

_____

_____

三、补充收银台前头柜的商品

_____

_____

_____

四、准备好零钱

营业期间兑换零用钱操作流程

1.每天开始营业前，必须将各收银机开机前的零用钱准备妥当，并放在收银机的现金盘内。零用钱应包括除100元以外各种面值的纸钞和硬币，找零备用金的数额根据公司营运部的规定执行，每台收银机每日的零用钱应相同。

2.除每日开机前的零用钱外，各超市亦需要备有足够数额的零钱存量，以便在营业时间内，随时提供各收银机兑换零钱的额外需要。收银员应随时检查零用钱是否足够，以便提早兑换。

3.零用钱不足时，不可与其他的收银台互换，以免账目混淆；欲补充零用钱时，切勿大声喊叫，可利用铃钟或广播的方式请相关主管进行兑换。零用钱运送途中，应用布袋装妥后，再分送到各收银台并随时保持警觉性，注意周围的安全；超市应设一定期间的零用钱数额，定期前往银行兑换。遇到节假日时，则应适量增加零用钱数额。

4.执行上述各项零用钱兑换作业时，应填写兑零单，并由指定人员进行，兑换时必须经过收银员与兑换人员双方点对清楚。完成兑换之后，应将兑零单保存在指定位置，以便日后查核。

五、检查收银机

_____

_____

六、仪表检查

_____

_____

第二步：收银结账

一、欢迎顾客
标准用语_____

配合动作_____

二、商品交付
标准用语_____

配合动作_____

三、结算商品总金额并告知顾客

标准用语_____

_____

配合动作_____

_____

四、收取顾客支付的金额

标准用语_____

_____

配合动作_____

_____

五、找钱给顾客

标准用语_____

_____

配合动作_____

_____

六、诚心感谢

标准用语_____

_____

配合动作_____

_____

岗位资讯1-7

装袋的原则

收银员必须向顾客提供装袋服务，并执行如下操作规范：根据顾客的购买量来选择袋子的大小，不同性质的商品必须分开装袋。掌握正确的装袋顺序——重、大、底部平稳的东西先放置于袋底，正方形或长方形的商品放入袋子的两侧，瓶装及罐装的商品放在中间；容易破损、破碎、较轻、较小的商品置于上方；容易出水或味道较强烈的商品，应先用其他购物袋包装好，再放入大的购物袋内；商品不能高过袋口，以免顾客提拿不方便；装袋前应将不同客人的商品分辨清楚，提醒顾客带走所有包装好的购物袋以免遗忘在收银台。

第三步：POS机操作

一、登录

收银员在进入收款界面之前，必须使用本人的收银员编码以及收银员当日的密码在收银机内登录。

二、收款模式

收款模式分为非收款状态和收款状态两种。

三、数量

收银员直接录入商品条形码时，收款机默认的数量为
"1"；当录入的商品数量多于"1"的时候，要在录入商品
条形码之前敲入商品的数量，然后按"数量"键，再录入
商品条形码或货号。

四、重复上次

"重复上次"键用来重复上一次的销售。

五、小计

使用"小计"键可以在顾客显示器上，显示已经录入
的商品价值总计。

六、取消

"取消"键取消一次操作。如：取消商品、总计等功
能键。

七、清除

_____

_____

"清除"键主要清除输入的错误，前提是在没有按
"回车"确认键之前。

八、总计

_____

_____

岗位资讯1-8

收银员应注意的事项

收银员应坚持以下作业守则：收银员身上不可带
现金；在收银台不可放置任何私人物品；收银员在收
银台工作时，不得擅自离位；收银员要负责票据打印
机发票纸的调换，并将打印的发票及时交给顾客；任
何商品通过收银台都要作结账处理；不可随意打开收
银机的抽屉查看并点算钱票；严禁非正常关机、超越权
限操作POS机和在"练习状态下"销售；不准"打空
门（空票）、大打小、多打少"，要"打负票"须经店
长或领班签字；工作时间不可嬉笑聊天，应随时注意
收银台前的动态，如发生异常情况，应通知主管处
理；收银员应使用标准规范的服务用语；无顾客结账时，

应做到台前站立、两手放在背后、目视前方、注意进出人员；应熟识店铺的营业活动，以便于回答顾客的询问或主动介绍。

第四步：现金、礼券和支票付款方式

_____

_____

_____

第五步：信用卡支付

一、接受信用卡的步骤

1.查证银行标志和卡号的前几位数字_____

_____

2.检查信用卡是否完整无损_____

_____

3.检查信用卡的发行和到期年月_____

_____

4.把信用卡放在刷卡机的适当槽口里_____

_____

5.检查打印机上的销售单是否已经装好_____

_____

6.将信用卡沿槽口划一下显示相关信息_____

_____

7.核对信用卡的号码_____

_____

8.请顾客输入密码_____

_____

9.输入金额，打印出销售单的详细内容_____

_____

10.请顾客在销售单上的相应位置签名_____

_____

11.将销售单上的签名与信用卡的签名相核对_____

_____

12.把信用卡和销售单的"持卡人联"交还给顾客，商店保留第二联_____

_____

二、遇到以下情况时，应立即停止交货或者打电话与有关银行联系

1.出售的商品或提供的服务的价格超出银行规定的信用额度_____

_____

2.信用卡号码包括在透支信用卡收回报告中_____

_____

3.顾客态度令人感到奇怪或有令人生疑的举动_____

_____

4.信用卡背面没有签名_____

_____

5.商场对信用卡或持卡人有任何疑问_____

6.被使用的信用卡已失效或者已被宣布失窃、作废＿＿

_____

7.销售单上的签名与信用卡上签名不一致＿＿＿＿＿＿＿＿＿＿

_____

三、使用销售单

_____

_____

_____

四、如果对信用卡有疑问，收银员应使用标准规范的服务用语与顾客交流

_____

_____

_____

第六步：商品查询

_____

_____

_____

岗位资讯1-9

收银中常见问题的处理

1.收银员如果与顾客在商品价格或遇到无条形码的商品等方面发生分歧，应首先与收银领班联系，做出初步处理。

2.收银领班应首先为顾客服务，然后收银员应将出现的问题填写一张"收银差异登记表"，并提交给楼面管理人员来解决。

3.如果楼面管理人员不在前端工作台，收银员也应填写"收银差异登记表"并汇总，集中交给楼面管理人员采取更正措施。

4.如果事情紧急或者楼面管理人员不在，收银员应打内线电话汇报问题，由楼面经理解决。楼面管理人员立即采取措施解决前端发生的问题，并保证问题圆满地解决，防止再次发生。

5.如果条形码上的价格与收银机上的不同，楼面管理人员必须查询"库存查询"菜单，并检查商场里的同类商品做出更正。例如：如果条形码的价格不正确，应打印出新的条形码取代不正确的条形码，并立即撤下贴有不正确条形码的商品。如果发现收银机上的价格不正确，必须立即报告相关主管、经理做价格更正，并通知采购部寄送一张价格更正单。

6.如果在同一种商品上发现双重条形码，库存管理人员必须请采购部决定使用哪一个条形码。一旦接到通知，楼面管理人员应统一商品的条形码。

7.如果商品没有条形码，收银领班应立即为顾客采取补救措施。然后，楼面管理人员应检查商场中是否还有无条形码的商品。如果发现，应将打印的条形码粘在上面，并把补贴的条形码数量写在"收银差异登记表"中。

8.如果条形码扫描不出，收银员应键入商品代码继续交易。楼面管理人员应找出扫描不出的原因。这种情况下，应打印出新的条形码。

9.如果条形码的信息在系统内被取消，但旧的条形码仍附在商品上，在扫描时，商品上就有可能没有任何信息。在这种情况发生时，楼面管理人员必须找出正确的条形码，或把商品名输入到"库存查询"菜单，并打印出新的条形码代替旧的条形码。

10.如果国际通用条形码扫描不出，楼面管理人员必须检查商品上的国际条形码是否正确，并验证该条形码信息是否已正确输入计算机，输入更正后再一次扫描商品条形码。

11.如果两种不同商品之间换错条形码，楼面管理员必须把商品品名输入"库存查询"菜单，找出正确的商品条形码，并检查附在其他商品上的条形码是否正确。

12.如果价格不属实，楼面管理人员应通知采购员调查并采取更正的措施。

13.每天从收银员处收到的"收银差异登记表",必须收齐后在第二天早晨交给各部门楼面经理,供他们参考。

第七步:收银机关闭之前的工作

1.在快打烊时(或交接班时),如果还有顾客在等待付款_____
_____

2.放置"暂停结账"的告示_____
_____

3.检查保证所有的设备都完好无损,放回原来的存放位置,并取得证明人签名_____
_____

4.清理收银台及周围区域_____
_____

5.退出、关闭收银机系统_____
_____

6.切断收银机电源_____
_____

第八步:在每日销售结束之后的工作

1.与收银领班一起关闭机器并清理收银机_____
_____

2.收集单据与现金一起交到现金办公室＿＿＿＿＿＿＿＿＿＿

＿＿＿＿＿＿＿＿＿＿＿＿＿＿＿＿＿＿＿＿＿＿＿＿＿＿＿＿＿＿＿＿＿

3.应提交给现金办公室的单据有＿＿＿＿＿＿＿＿＿＿＿＿＿＿

＿＿＿＿＿＿＿＿＿＿＿＿＿＿＿＿＿＿＿＿＿＿＿＿＿＿＿＿＿＿＿＿＿

4.与收银领班和出纳人员一起清点现金＿＿＿＿＿＿＿＿＿＿

＿＿＿＿＿＿＿＿＿＿＿＿＿＿＿＿＿＿＿＿＿＿＿＿＿＿＿＿＿＿＿＿＿

岗位资讯1-10

收银员排班需考虑的因素

卖场的营业时间一般从每天早上9：00到晚上22：00，但有的卖场早上可提前至7：30，而晚上可延长至午夜24：00才打烊，中间没有任何休息。平均而言，一天大约11～15个小时，已超过一位员工的正常上班时数（8小时）。因此，为了配合作息时间，必须将店内现有的收银员，依据店内的营业情况科学地予以轮班及轮休，为顾客提供最佳的服务。安排收银员轮班作业时，必须考虑下列几项因素：

1.卖场的营业时间

营业时间的长短，是考虑班次的主要因素之一。若营业时间为11个小时左右者，可安排两个班次；超过者，则可安排三班制。例如：营业时间为9：00—22：00，可安排早班（8：30—17：30）及晚班（13：30—22：30）；若营业时间为7：30—22：00，可安排早班（7：00—16：00）、中班（10：00—19：00）及晚班（13：30—22：30）三班制。

2.各时段的来客数

尽管在十几个小时的营业时间内，随时都有顾客光临，但是仔细观察，可以发现顾客通常集中在某几个时段，这些时段也就是高峰营业时间。例如：在办公区密集的超市，中午的午餐时段和下午16：00—19：00的下班时段人流较多；而一般位于郊区的超市，在早上以及晚上20：00—21：00以前会出现营业高峰。因此，在高峰时段必须安排较多的人手，以缓解顾客等待收银结账时的焦急情绪。

3.假期、节令和促销期

每到节假日或者卖场实施促销计划的期间，其营业状况往往会比平日好。不仅顾客人数较多，而且每位顾客的平均购买额也会比较高。尤其在促销期间，由于必须配合赠送点券、印花或摸彩等活动，因此，在特殊的节令或假期，必须在排班上做一些变更，或设法将收银员的休假调开。

4.正式及兼职收银员的人数

在安排班次以及各班次的值班人数时，除了必须考虑上述3项因素之外，还受限于现有的正式和兼职收银员的人数。这不仅是编制的问题，还涉及对人事成本的考虑以及卖场的经营成本。

一般而言，正式收银员都经过专门的训练，熟悉整体收银流程，而兼职人员只担负了部分的工作

（如结账服务），时数也只有 4 个小时，大部分由现场人员随机指导。因此，在排班时，每一班次都必须有正式收银员值班，负责执行其他收银作业、现金管理和特殊情况的处理等。在高峰时段或节假日，则可弹性安排兼职人员，以配合营业需要。

　　在考虑上述 4 项因素之后，收银主管人员即可以 1 周或 1 个月为基准，排定"收银人员排班表"，并张贴在公布栏或打卡（签到）处，以便收银人员查阅。

◎ 实训检查

1.提醒学生收银操作过程的规范性。
2.学生标准用语、标准动作的规范性。
3.组织实训，让学生交叉评价各自的工作成果。
4.邀请企业兼职教师点评工作。

◎ 工作岗位讨论

1.如何辨认假残钞？
2.在银行卡的受理过程中，POS 机显示交易失败，未打印出签购单，可此时持卡人手机收到交易已成功的短信提示，并不接受收银员所说的交易未成功的说法。针对此问题收银员应如何处理？
3.信用卡受理过程中，收银员发现信用卡卡背签名条上顾客没有签名，随后请顾客在签名条上签名，但顾客表示不愿签名，与收银员发生纠纷。针对此问题收银员应如何处理？

4.由于银行系统或电话线路故障等原因，造成持卡人被非正常划账，在接到投诉后收银员应如何处理？

5.收银员在结账时发现银行卡金额与收银机银行卡总计不符，经查实，顾客消费399元，收银员刷卡时误刷成339元，少刷的60元由收银员自行承担。针对此问题收银员应如何避免？

◎ 工作岗位实例分析

背景资料 1-3

收银员的责任

当一位客人提出付款结账并出示长城卡买单时，柜台收银员接过客人的卡一看，发现卡面编号上的最后一位数字像是被什么东西刮过，已经模糊不清。收银员向客人询问是怎么回事，客人解释说是前几天掉在地上，不小心踩了一下，捡起来看时已经磨损。针对这种情况，收银员完全可以说卡号已看不清，无法使用，请求客人改用现金付款。但从客人的神色中看出，可能没有携带足够的现金，如果拒绝刷卡，客人虽然可以请他同来的朋友结账，但这会使客人感到尴尬，而这次消费也将会成为他一次很不愉快的经历。于是，这位收银员便帮助客人仔细查询、辨别，还打电话到银行核对，终于查出了最后一位数字，顺利地为客人办好了所有刷卡的手续，客人脸上也露出了赞许、满意的笑容。

【问题讨论】

这位收银员的行为是否超越了其职责范围？请予以评价。

到底谁错了？

王小姐是一家超市的收银员，今天对她来说是个很不顺利的日子，她因为"漏收"钱款而接到扣分单被扣掉10分。事情经过是这样的：上午，有一位顾客购买了大量的商品。出门的时候，稽核员发现手推车最下面放着一条毛巾，没有收款，便问这位顾客是怎么回事。这位顾客听后，非常不高兴，说："我买了500多元的商品，怎么会偷你一条毛巾？这是你们收银员的失误！"并大吵大闹，引来了很多人围观。

稽核员找到为该顾客收款的收银员王小姐，王小姐一口咬定，收银台上根本没有看到毛巾。双方越闹越僵，女顾客要投诉收银员，并退货。这时，值班经理赶来，经再三调解，顾客才离开。为此，王小姐在下班时接到了一张扣分单。

【问题讨论】

如何处理上述顾客纠纷？

◎ 工作岗位角色演练

演练项目：收银技能比赛

【演练目的】

1.明确收银前应进行的准备工作。

2.掌握收银工作的职责。

3.掌握收银的具体工作步骤。

4.训练收银工作技巧。

【演练要求】

1.分若干组同时进行收银模拟。一部分当作顾客，一部分当作收银员。

2.完成现金、信用卡等多种形式的收银工作。

3.演练收银岗位全过程的工作模拟。

【演练步骤】

1.上机前的准备

- 清洁、整理收银区。
- 整理、补充必备品。
- 准备零用钱。
- 检查收银机。
- 服装仪表的检查。

2.工作任务实施

- POS机的操作。
- 现金、信用卡的收取。
- 收银员应完成的其他工作。

3. 工作检查与评价（见表1-2）

表1-2　　　　　　　收银模拟考核表

班级：_____　考核对象：_____　考核时间：_____

评分项目	细化标准	优秀	良好	合格	不合格	得分
收银准备 （20分）	清洁、整理收银作业区，整理、补充必备品，准备定额零用钱，检查收银机	18～20分	15～17分	11～14分	10分以下	
基本素质 （20分）	仪表得体，衣着整洁，语言规范，行为规范，应变能力强	18～20分	15～17分	11～14分	10分以下	
收银过程 （40分）	用语标准，收银动作标准，收银账务正确，能正确完成辅助工作	36～40分	30～35分	25～29分	24分以下	
收银结束 （20分）	用语标准，行为规范，结束程序完整，账务清点正确	18～20分	15～17分	11～14分	10分以下	
评价				得分小计		

- 学生互评。
- 教师对每位学生的收银礼仪、行为举止、衣着予以评价。
- 教师对每位学生的模拟收银进行评价。
- 教师对每位学生进行综合成绩评定。

实训项目二
渠道推销实训

◎ 任务设计

销售人员进行新经销商的开发，并对已开发的经销商完成巡场、助销等销售工作。

◎ 实训目标

1. 掌握人员推销的工作任务。
2. 掌握人员推销的技巧和方法。
3. 掌握人员推销的工作步骤。

◎ 实训情境

以某一品牌快销品的厂家销售代表进行新经销商开发为实训情境，销售代表在该工作岗位完成相关的销售工作。

◎ 实训要求

参加实训的学生选择某一品牌的快销品，选择某一具体市场，根据实训步骤，填写相关内容，模拟完成工作任务。

○ **实训操作**

绝大多数的商品，尤其快销品都是通过一层层的销售渠道最终传递到消费者手中的。那么，厂家就需要通过销售人员将商品首先销售给中间商，再由中间商销售给消费者。厂家的销售人员一般称为销售代表（也可称为销售员、推销员、业务员、业务代表等）。销售代表就是代表厂家把产品、服务、营销理念等销售出去，为企业创造价值，为客户提供服务和产品，及时回款和保证客户与企业的双层利益。销售代表是联络生产、经销与消费的纽带。销售代表进行渠道推销的操作步骤，如图2-1所示。

图2-1　渠道推销的操作步骤

第一步：资讯准备

一、了解本企业的营销战略

1.企业的历史＿＿＿＿＿＿＿＿＿＿＿＿＿＿＿＿＿＿＿＿

＿＿＿＿＿＿＿＿＿＿＿＿＿＿＿＿＿＿＿＿＿＿＿＿＿＿＿＿＿

2.企业的实力＿＿＿＿＿＿＿＿＿＿＿＿＿＿＿＿＿＿＿＿

＿＿＿＿＿＿＿＿＿＿＿＿＿＿＿＿＿＿＿＿＿＿＿＿＿＿＿＿＿

3.企业的战略_____

_____

二、熟知所推销产品的基本知识以及该类产品的市场容量现状

1.所推销产品的基本知识_____

_____

2.该类产品的市场容量现状_____

_____

三、熟悉本企业的销售政策

1.经销区域_____

_____

2.销售任务_____

_____

3.付款方式_____

_____

4.推广力度_____

_____

5.售后服务_____

_____

6.价格政策_____

_____

7.其他政策_____

_____

四、收集目标市场的信息

通过收集目标市场的信息，填写目标市场信息表（见

表2-1），使销售工作更有针对性。

表2-1　　　　　　　目标市场信息表

填表人		填表日期		销售区域	
人口数量		经济水平		经销商数量	
市场容量		领导品牌的		跟随品牌的	
消费习惯					
备注					

五、熟悉竞争品牌及其市场操作的方法

1.竞争品牌的销售政策＿＿＿＿＿＿＿＿＿＿＿＿
＿＿＿＿＿＿＿＿＿＿＿＿＿＿＿＿＿＿＿＿＿＿＿＿

2.竞争品牌的产品价格＿＿＿＿＿＿＿＿＿＿＿＿
＿＿＿＿＿＿＿＿＿＿＿＿＿＿＿＿＿＿＿＿＿＿＿＿

3.竞争品牌的新品计划＿＿＿＿＿＿＿＿＿＿＿＿
＿＿＿＿＿＿＿＿＿＿＿＿＿＿＿＿＿＿＿＿＿＿＿＿

4.竞争品牌的促销活动＿＿＿＿＿＿＿＿＿＿＿＿
＿＿＿＿＿＿＿＿＿＿＿＿＿＿＿＿＿＿＿＿＿＿＿＿

5.竞争品牌的其他信息＿＿＿＿＿＿＿＿＿＿＿＿
＿＿＿＿＿＿＿＿＿＿＿＿＿＿＿＿＿＿＿＿＿＿＿＿

六、随时收集所推销产品当前的市场信息

＿＿＿＿＿＿＿＿＿＿＿＿＿＿＿＿＿＿＿＿＿＿＿＿

传统的销售代表要么认为信息收集是市场人员的工作
范畴，要么应付差事，敷衍了事。事实上，销售代表要时

刻重视信息收集工作，只有这样，才能保障自己的区域市场有畅通的后勤补给，才不会一味地抱怨产品不适合市场需要、公司政策太呆板等，优秀的销售代表最懂得用实际数据去打动公司管理层的心。

岗位资讯2-1

终端市场的信息收集

当你面临一个新的市场时，首先要去终端市场了解竞争产品在终端的陈列情况如何。询问竞争产品常采用什么样的促销手段，在哪个地区哪几个卖场的销量较好，都采用了何种方法，流通市场又是怎样操作的，哪种产品是主打产品，哪个经销商代理的产品在终端市场的陈列占据优势。

七、建立客户资料卡及客户档案

建立客户档案，填写客户资料卡（见表2-2），以保证销售工作的顺利进行。

表2-2　　　　　　　　　客户资料卡

公司名称		联系人甲	
地址		职务	
		电话	
电话		个人特点	
行业			
需求种类		联系人乙	
现供应者		职务	

信用等级		电话	
需求量		个人特点	

公司基本情况：	备注：

来源与日期		优先顺序	

巡场记录		
日期	目的	结果或问题

操作实例2-1

由业内人士介绍经销商成功率高

一位做医药产品招商工作的G先生，一直找不到合适的经销商。有一天想起正在经营医药生意的老朋友H经理，忙打电话给H经理。H经理由于自己已经代理了同类产品而无法成为G先生的经销商，于是为G先生推荐了当地几个经营业绩相当不错的医药产品经销商，还提供了对方负责人的联系方式，并且帮助引见。因为平时这些经销商之间既是竞争对手也是朋友，互相都关注对方，有一定的来往。这下可帮了G先生的大忙，他亲自逐一登门拜访、逐一洽谈，最后找到了合适的经销商。

第二步：客户拜访前的准备工作

一、明确拜访目的

客户甲：＿＿＿＿＿＿＿＿＿＿＿＿＿＿＿＿＿＿＿

客户乙：＿＿＿＿＿＿＿＿＿＿＿＿＿＿＿＿＿＿＿

二、规划拜访的路线

＿＿＿＿＿＿＿＿＿＿＿＿＿＿＿＿＿＿＿＿＿＿＿＿

岗位资讯2-2

合理安排拜访客户的时间

拜访客户之前，需要了解到客户的工作规律，客户的空闲时间可能是在上午9：00—9：30这个区间，或者是在下午13：00—13：30这个区间，其他时间可能被一些主要业务占满。如果市场代表有重要的事情和客户谈，就要选择合适的时间和场合；在拜访前要电话预约，冒失地拜访会显得不专业，影响拜访的效果。

三、提前进行预约

客户甲：＿＿＿＿＿＿＿＿＿＿＿＿＿＿＿＿＿＿＿

客户乙：＿＿＿＿＿＿＿＿＿＿＿＿＿＿＿＿＿＿＿

对于需要拜访的客户，应提前两天进行电话预约，并在电话中明确到达的时间。不过，推广人员、终端人员进行分销终端检查时，可以不需要进行提前预约。

四、查看客户资料卡

_____

_____

五、销售代表的仪容仪表及其业务装备的配置

（一）仪容仪表准备

1.精神面貌_____

_____

2.仪态外表_____

_____

3.着装要求_____

_____

4.言谈举止_____

_____

（二）业务装备的配置

1.基础工具_____

_____

2.销售工具_____

_____

3.推广工具_____

_____

4.客户资料_____

_____

5.终端工具_____

_____

6.售后工具_____

_____

7.常用表格_____

_____

第三步：观察店面，进店打招呼

一、检查户外海报的设置情况

1.检查海报的有效期_____

_____

2.检查海报的整洁度_____

_____

二、向经销商打招呼

_____

_____

岗位资讯2-3

第一次和经销商谈什么？

介绍来访的目的

比如，一个厂家的业务人员来到某地的经销商这里，首先应该把要来当地做什么事情先讲清楚。这里有个小讲究，厂家的业务人员可以说是要来开发这块市场的，并且还需强调这块市场的开发，是在厂家的规划当中的，要突出厂家的整体规划性和战略部署。因为在经销商看来，厂家开发这块市场之初，可能处于以下三种情况之一：

1.厂家自身有整体的规划，按步骤在推进，在布局上有呼应。这样的厂家其开发市场的思路清晰、计划完整、轻重缓急明确，相对可靠性较高。

2.厂家是认识当地某个经销商才决定开发这块市场的，这说明厂家对这块市场以前并没有纳入其整体规划之内，相关的准备工作肯定不到位。同时，若是那个经销商不接手，估计厂家也找不到其他经销商，很有可能放弃当前的开发计划。

3.厂家整体开发的市场空白点很多，哪块能开发出来就去开发，这说明业务人员只是在撒网式地作业，碰到愿意接手的经销商就做。这样的厂家随意性太强，可靠性也就高不到哪里去。

所以，突出厂家的整体规划性和战略部署是很有必要的。

请经销商介绍一下自己的情况

一般来说，在拜访经销商时，当场拿到经销商老板名片的几率很大，而经销商的名片上往往又有很多其经销产品的信息，这就是很好的话题素材，可以直接切入的问题。诸如：该经销商目前具体都经营哪些产品，与哪些厂家合作，从哪年开始合作的，合作的区域和形式是怎么样的；今年又新签了哪些厂家合作，还打算补充哪些产品；在与其他厂家合作经营市场的过程中，曾经出现过哪些问题，又都是怎么解决的等等。

了解拟开发市场当地的基本环境情况

需要了解一下当地的人口总数、历史地理情况、主要的经济产业布局、风俗禁忌等等，做到有备无患。

三、查看客户销售报表

1.销售数量_____

_____

2.销售产品结构_____

_____

操作实例2-2

"多管闲事"体现爱心

销售代表小张在与一位代理商的聊天过程中，了解到他准备将儿子送到国外去读高中。但在聊天的过程中，小张感觉代理商为儿子找的那家留学机构不太可靠。于是在谈话结束后，小张迅速委托当地教委的一位朋友去了解情况，结果证实那家留学机构的资质和声誉都有问题。小张立即将上述情况告诉了那位代理商，代理商很是感激，对小张产生了信任和好感，间接促成了他们之间以后的业务达成。

四、检查店内商品的各类要素情况

1.店内海报_____

_____

2.价签_____

_____

3.货品陈列_____

_____

4.商品质量_____

_____

5.品项短缺_____

_____

6.其他_____

_____

岗位资讯2-4

品牌陈列的"二十一字"口诀

一找动线：人流主要流动的方向，消费者走得到、看得到的位置。

二陈列：将产品陈列于好的位置，以便引起消费者的注意。

三增排面：争取最大的陈列面积，增强视觉冲击力。

四标价：写明产品的规格与价格。

五重分配：重新在主货架上分配陈列面，注意产品的包装、颜色及口味合理搭配，以引起消费者的注意。

六清洁：随时保持产品的清洁、干净。

五、听取、观察与记录竞争对手的信息和活动

_____

_____

第四步：执行常规工作

一、检查整理库存产品

1.公司所有产品在该店的库存_____

_____

2.产品的保质期_____

_____

3.是否先进先出_____

_____

4.是否有恒温设施，是否存在安全、火灾等隐患_____

_____

5.产品堆放的是否正确_____

_____

二、及时补货

_____

_____

三、新品推广

_____

_____

四、店招的吸引力

_____

_____

五、活动组织

促销活动的实施_____

_____

六、政策宣传

1.发展的政策_____

_____

2.市场的策略_____

_____

3.服务的措施_____

_____

4.其他的政策_____

_____

七、网点开发

_____

_____

寻找经销商的途径

厂家的销售代表在本辖区内建立分销网及扩大公司产品的覆盖率，首先要从寻找经销商开始。如何寻找经销商，如何判定经销商的好坏，都是一个需要解决的问题。

1.通过交易会。各种会展能够吸引很多专业的经销商参会，如糖酒交易会、医药交易会、服装行业春秋交易会等。这是寻找"白金经销商"的绝好机会，他们可能是以某些大品牌的地区（片区级、省级、市级等）总代理的身份出现在展会之中。一定要细心寻找那些与自己同一行业（或类似行业）的产品展区，并且密切关注同行业的大品牌，发现这些大品牌的展位之后，就要索要名片，看是厂家还是代理商。

2.同行、朋友的介绍。这是一种值得信赖、成功比率大的方式。同行、朋友与经销商相处时间久，对经销商了解得比较全面，这样可以节省许多了解的时间；同时，和经销商接近也比较容易，沟通起来比较快。

3.在卖场寻找。到卖场询问柜组长或采购人，了解同类产品是从哪家公司进的货，并打听相关的情况。这种方式操作难度较大，但多问几家卖场，总有人会告诉你的。

4.替代品的代理商。这些是较好的战略合作伙伴。

5.工具书。包括当地的电话号码簿、工商企业名录、消费指南、专业杂志等。尤其是电话号码簿，在一般情况下，比较有经验、有实力的经销商都会在当地电话号码簿上刊登自己公司名称、经营范围，有的甚至做广告推广自己公司的产品。

6.专业批发市场。许多城市都有各类专业性的批发市场，如小商品批发市场、日用品批发市场等，在这种地方经常能看到经销商门前或店面里有某某地区总经销、总代理的招牌。

7.媒体广告。到达一个新的区域市场，先买几份当地报纸，看看当地的电视节目、广播或者到街上走走，或许就能发现同类产品的经销商名称。

8.广告公司咨询。当地的广告公司对当地的各类媒体、各类知名产品情况比较了解，他们要争着做你公司的广告代理，必然会详细地给你介绍本地有关的经销商情况。

9.刊登招商广告。这种方式费用大、见效快、操作水平高，可以较全面地多了解当地的经销商情况。

10.上网查询。

八、售后服务

1.处理以前出现的问题_____

_____

2.处理当前出现的问题

_____

九、分销培训

1.产品知识_____

_____

2.厂家的历史和未来_____

_____

3.厂家的经营理念_____

_____

4.促销活动的操作方法_____

_____

5.销售技巧_____

_____

十、应收催付

_____

_____

岗位资讯2-6

完成收款应注意的事项

1.经营规则：经销商（零售店）规定的交易条款。

2.结款规律：经销商（零售店）的对票和结账时间

等规定。

3.财务规定：经销商（零售店）的一些促销费用的给付要求以及支付货款的方式和方法。

十一、关系拓展

_____

_____

十二、解决问题

1.促销礼品是否到位_____

_____

2.经销商的售后服务_____

_____

3.经销商的销售压力_____

_____

4.培训与支持_____

_____

5.其他问题_____

_____

第五步：道别并告知下次拜访日期

_____

_____

第六步：拜访后的工作

拜访结束的当天要填写相关的表格，并做好拜访记录，对拜访工作进行总结。一般来说，销售代表一天要拜访15～40家店，不可能把每一次的谈话和观察到的商业信息等都记在自己的脑子里面，因此书面的记录是很有必要的。但是对于简单的问题尽量现场解决，现场解决的问题越多，在经销商心目中的威信就越高。在记录问题的时候要贯彻"5W1H"原则，要谨记：是什么问题、什么时候发生的、跟谁有关系、在哪里发生的、为什么发生、经销商是如何建议解决的。

一、信息整理

1.销售信息_____

_____

2.推广信息_____

_____

3.人员信息_____

_____

4.市场信息_____

_____

5.客户的意见及建议_____

_____

二、信息分析及应用

1.完善客户资料_____

2.快速实现销售_____

3.组织促销活动_____

4.落实店招发布_____

5.及时处理异议_____

6.为下次拜访做准备_____

⊙ 实训检查

1.提醒学生推销过程中需要的规范性。

2.检查学生填写的工作日报表、客户档案等作业文件的规范性。

3.组织各组发言人演示工作成果。

4.设计工作成果的评价要点。

5.各组交叉评价各组工作成果。

6.邀请企业兼职教师点评工作。

⊙ 工作岗位讨论

1.向经销商推销应主要强调什么？

2.开发卖场应掌握哪些原则？

3.列举渠道推销的错误行为。

4.经销商的抱怨包括哪些？应如何处理？

5.请分析某两种产品的优缺点。

◎ 工作岗位实例分析

背景资料 2-1

销售谈判实录

摸清底细

谈判前，要针对谈判对象进行资本、信用、经营状况等各方面的调查，做到知己知彼。通过各种渠道，对广州市某一乐多卖场的调查结果如下：

1.乐多卖场总部在广州，在全国有94家店（其中华南区39家店）。

2.该卖场的财务状况和业内声誉均良好，无重大经济纠纷。

3.负责该卖场华南区炒货采购的负责人白野，河北人，刚刚30岁，为人爽直。而且了解到，白野与林之（指推销员）的朋友范总曾是康师傅多年的同事，感情深厚。

4.该卖场已经有8个同类产品上架，包括炒货知名品牌"洽洽"。但由于缺乏重大活动支持，卖场炒货区销量一直上不去，人气不旺。采购白野一直急于找一个合适的产品提高炒货区的业绩。

5.乐多卖场的采购总监（负责整个华南地区店）是最终决策人，他很器重白野，一般情况下都会采纳其意见。

制定策略

在查清卖场的基本情况之后，如果确定进入该卖场，必须对将要进行的谈判项目进行全面的摸排，并找到自己的谈判底线。

首先要确定自己的供货价底线，这是重中之重。林之刚被任命为国内炒货五强之一、安徽炒货生产企业Z公司的KA部总监，上任后，他选择的第一个突破点是广州。这座城市高收入、高消费、KA卖场相对集中，如果能在广州成功突破KA市场，将大大有利于Z公司顺势开拓华南地区其他大城市的业务。

1. 供货价格分析

Z公司规定，对所有收取通道费用的KA卖场，其相对出厂价的顺加利润都应为25%左右，最低不能低于20%。而分销商的这个比率为5%，BCD类店为15%。卖场之所以高出这么多，是因为其进场费、条码费、店庆费等费用名目繁多，至少要花掉公司10%~15%的利润，因此必须顺加20%以上才有利润保证。具体见表2-3。

表2-3　　　　　　　供货价格分析

产品规格	出厂价（元／箱）	经销商价（元／箱）	BCD类店价（元／箱）	公司底价（元／箱）	成交价格（元／箱）	成交毛利率
100g×40	62.5	66	72	75	75.8	21.20%
161g×32	76	80	87.5	91.2	92.2	21.30%
300g×15	66	69	76	79.2	80	21.30%
383g×15	80	84	92	96	97	21.30%

2. 谈判策略制定

前期调查结果表明，采购白野正想找一个合适的产品来提高整个炒货区的人气，而林之可以及时介入。在充分了解了卖场的各项费用要求及进场条件后，林之逐项分析了卖场的交易条件，结合炒货区需要提高人气的需求，制定了以"大促销提升卖场人气"为主题的卖场促销方案，初步确定了谈判策略和谈判项目的目标以及费用条款（见表2-4）。产品进入新的市场不可能不打广告、不做推广，关键是怎样让钱花得物有所值。与其让卖场一项一项地来收取费用，不如变被动为主动，利用大幅度促销提高卖场人气，博得卖场欢心，为以后的合作建立方便之门，同时也提高了产品的品牌形象和知名度。

表2-4　　　　　　　　　　费用条款

	谈判项目		卖场要求	公司标准	采用的措施	谈判结果
一次性费用	进店费		15万元/华南区店（39家）	5 000元/店	谈到10万元	3 848元/店
	条码费（元/SKU/店）		1 500	1 000	谈判	1 000
账期（天）			45	45	谈判	45
年固定费用	节庆费（元/店/年）		5 000	4 000	谈判	4 000
	店庆费		4 000元/店/年	3 000元/店/年		3 000元/店/年
	新店赞助		5 000元/店	3 000元/店		3 000元/店
	老店翻新		3 000元/店	1 000元/店		1 000元/店
	返利	无条件扣点	第一年扣全年销售货款的4.5%，第二年扣3.5%	3.5%		3.5%
		无条件折扣	全年含税进货金额的3.5%，从货款中扣除			

	谈判项目	卖场要求	公司标准	采用的措施	谈判结果
促销费用	堆头（15天）	1 500元/期/店	1 000元/期/店	置换免费	0
	端架（15天）	1 000元/期/店	500元/期/店	置换免费	0
	DM（15天）		1 000元/期/店	置换免费	0
其他	首单免费	首单免费	95%折让	置换	以促销置换
	保底销量	同类产品月销量最低者末位淘汰	一个月适应期	谈判	一个月适应期
	临期货物处理	临期货物（还有三个月就过期）下架处理	不同意	通过特价、地堆处理	通过特价、地堆处理
	违约责任	合同外增加或调换一个单品，罚款5 000元	不同意	置换、补交新规格条码费	补交新规格条码费
	最低送货量	50箱	200箱	谈判	200箱

初次接触

在采购室里见面。

林之："您好，白经理吧，我是Z公司KA部总监林之。"

白经理："您好，范总给我电话了，请坐。"

林之："白经理很年轻呀，听口音，北方人？"

白经理："呵呵，我是河北人。"

林之："哦，半个老乡哟，我是河南人。""这是我们的材料，您过目一下。"林之提交了Z公司的相关资料、产品报价单……

"我们卖场已经有三个你们安徽的品牌了。说实在话，你们品牌的影响力不如'洽洽'，所以我们暂时不考虑其他炒货的进场。"白野翻阅着材料，表情严肃地说。

"洽洽"品牌在全国尤其在南方的影响力确实比Z产品大得多，但Z产品也属于国内的知名品牌，白野居然不给进场的机会，也驳了多年好友范总的面子，出乎林之的预料。

林之："白经理，据我所知，'洽洽'在贵卖场去年的销售额不过80万元，贵公司没有拿到一分钱折扣吧！"

"不过今年他们的销售计划是150万元，按照他们品牌的影响力，我想没有问题。"白野语调缓和了一些。

林之："'洽洽'今年要全线作战，它要想在广州的卖场大规模投入会力不从心！我们的产品在北方市场已占据绝对多的市场份额，完全可以腾出足够的人力和财力开拓南方市场。同时，进军广东卖场是我公司今年的战略重点，公司必然会有较大的市场投入，这一点与'洽洽'相比是具有很大优势的。"

白经理："'洽洽'在卖场的知名度可是大家有目共睹的，你的品牌影响力与之相比还是有很大的差距呀！"

"目前我们在广东卖场的品牌力与'洽洽'确实有一点差距，但是我们可以通过一些互动性的促销活动，很快提高销量，当然这也能提升卖场的人气，这也是您所希望的吧？"林之笑着说。

白经理不由自主调整了一下坐姿："哦？你有何高

见？说来听听！"

林之："这是我们的《活动方案概要》，您看一下，根据我们的促销方案，如果得到很好的执行，贵卖场的人气将会得到很大程度的提升。"

白野浏览着《活动方案概要》，态度温和了很多，"这个活动方案的可行性还是不错的，不过你的要求太高了！"

"哪里，我们也在为咱们卖场做免费的宣传啊！具体细节我们可以再谈嘛！白经理，您看这样好不好，这次时间很紧张，我们下次约个时间详细谈一下！相关资料我就放您这里，欢迎多提宝贵意见！"林之面带笑容说道。

白经理看了看表："也好，我马上还有一个谈判，那就下周一上午九点半左右，如何？"

林之："好的，下周一不见不散！"

短兵相接

一周之后的周一，在白经理办公室。

"白经理，非常高兴再次见到您！"林之面带微笑。

"林之，方案我仔细研究了，要求太高了呀！你我分歧不小，怕是难以达成共识了！"白经理表情严肃，率先发难。

"白经理，有分歧是正常的嘛。既然今天我们再次坐到了这里，证明大家都是有诚意的。您觉得我们在哪些方面存在分歧呢？"林之不紧不慢地说。

"你们的价格太高，至少需要下调5%，另外我们的陈列面很紧张，所以最多只能上两个规格！"白经理咄咄逼人。一般厂家直供卖场价格比传统流通渠道高10%左右，这已是公开的秘密了。如果按照白经理的要求再压价5%，则最后毛利只有不到20%，这在公司的供货价的底线之下了。这样的话，以后的促销活动空间很小，非常被动。另外，规格数量与产品销量存在一定正比关系，只上两个规格万万不可，不但单规格费用太高，也不容易上销量，按照当初计划，至少应该进场四个规格。

"我们的报价是全国卖场的统一价，和贵卖场北方区的进场价格也是一致的；另外我们的产品和'洽洽'相比，价格也很有竞争力。从产品规格上来说，我们100克包装是'洽洽'所没有的，不但能够丰富卖场的产品品种，带来较高的销量，另外作为促销捆绑也非常合适。"林之回答道。

"你们的品牌优势在北方，在南方的品牌力明显比'洽洽'弱很多，这也是不争的事实！"白经理音调高了起来。

林之见起了争执，赶紧将话题引向白经理感兴趣的卖场促销上："白经理，我们先谈谈促销计划吧，价格问题我们一会儿再商量，您看行不行？促销做不好，价格再低也无济于事啊，对吧？"

林之："我们考虑在中秋、国庆双节开展100克捆绑383克和300克的促销活动，时间两周，这是《促销方案》，请看。"

林之接着说："促销展前一天，我们将在《羊城晚报》上刊登活动消息，并附上贵卖场17家连锁店的地址及电话；另外，我们还将在上述17家连锁店里安排近20

名导购员，把促销活动做好做扎实。"

白经理仔细地翻阅着《促销方案》，说道："林经理真是厉害啊！好吧，我同意上架四个规格，不过按照我们的要求，规格变更是要终止合同，并罚款5 000元的。"由于市场需要，厂家变更规格是常有的事情。卖场的条款显然是苛刻了。精明的白经理夸奖是假，罚款是真。

"规格变更也会给我们厂家带来很多麻烦，但由于市场需要，不免会涉及此类问题，当然会在一定程度上给卖场带来不便，不过我们可以通过补交新规格条码费的形式予以补偿，您看如何？"林之显得很诚恳。林之首先分析变更规格的原因，同时站在卖场的角度上思考问题，最终提出自己的解决方案，这样更容易被卖场接受。

有进有退化解前期的争议

"林经理真是谈判高手！这么实在，那就按你说的办！"白经理顿了一下，语气突变，"有关进场费以及折扣等问题，我们的差距不小，贵公司的诚意显然不够，我们华南区目前有39家店，规定的进场费合计才15万元，单店的进店费已经很低了！"39家店进场费合计15万元，单店进场费约3 800元，低于公司标准4 000元／店，可以接受。林之心里清楚，谈进场费本身不是目的，而是为下面的店庆、节庆费用以及扣点的谈判赢得主动。

"但据我所知，'洽洽'的总进场费不过10万元。"林之说。

"谁说的？哪有的事情！"白经理显得有一点慌乱，顿了一下说，"那也是两年前的事情了，那时我们华南区不过25家店，是根本没有办法跟目前相比较的。"从表情上看，白经理对林之了解的情况如此之详细有些吃惊。

林之："我们的产品进贵卖场北方区28家店不过花费5万元。"

白经理："说实在话，由于地区消费水平的不同，我们华南区的进店费用普遍要高于北方区，这是上层的意思，我只能遵照执行。林经理，你看这样好不好，进场费15万元就不要再讨论了，条码费、店庆费、节庆费用以及新店开业、老店翻新费用按照贵公司要求，不过扣点不能少了！"林之在进场费上的斤斤计较，正是希望换来白经理上述的置换方案。

"按照白经理的方案，我们公司可就赔大了！"林做吐血状。

白经理："林经理，这个方案对你们已经非常有利了，扣点是没有协商的余地了，否则我们就没有合作的基础了！"白经理很严肃，看样子没有协商的余地了。扣点直接关系到产品的毛利率，目前双方要求的扣点条件差距是4.5%，而供货价格要求的差距近5%。林之考虑两者取其一，达到最佳的置换方案。

林之："白经理，谢谢您的支持，不过我们投入也是要考虑回报的嘛！按照年销200万元的乐观估计，目前的价格和扣点，我们至少要赔10万元，这不符合我们双赢的目的，再说亏本买卖也不能保证我们长久的良好合作。考虑到南方卖场的实际情况，我们原来的报价可以再下调3%，但是扣点最多只能3.5%。"林之据理力争。

　　　　　　　　　　　　　推销实训

"这个问题我需要请示一下老总，你稍等一下。"白经理外出。林之松了一口气，身体不由向后靠在沙发上。据他的经验判断，产品进场的事已经搞定了，剩下的都是次要问题了。

不一会儿，白经理回来了："林经理真是谈判高手！老总原则上同意你的意见，但要求进场的促销活动加强互动性！"

"这次的进场互动性促销活动，在媒体上我们投入了大量的费用，对贵卖场也进行了很好的宣传。另外为感谢贵卖场的支持，公司活动期间产品销售收入全部归卖场，不过我们要求贵卖场提供一期免费的端架、地堆、DM。"林之抛出最后的诱饵。做堆头、特价促销，厂家一般会向卖场提出免费地堆、端架的要求。林之粗略计算了一下活动期间的销售收入大约5万元，光明正大地送给卖场，有利于和卖场处理好关系，为以后的工作带来方便。

白经理："这个没有问题！"白经理脸上露出了罕见的笑容。"现在还有一些问题，就是临期货物的处理、保底销量以及最低送货量的问题。"白经理补充道。白经理心里当然清楚，活动期间销售收入归卖场是一个非常有利的条款，剩下的两个条款已经没有实质性的争议了。

林之："临期货物我们可以通过捆绑和地堆的形式处理，保底销量我希望卖场给我们一个月的适应期；最低送货量200箱其实要求不高，贵卖场广州市区目前有17家店，平均每店进货量不到12箱，并且2%的配送费用是由贵卖场收取的，何乐而不为呢？"

"林经理明细账算得很清楚呀！那恭敬不如从命，就这么定了！"白经理满脸堆笑。

"感谢白经理的关照，合作愉快！"林之边笑着，边与白经理握手起身。

谈判结果

通过谈判，节省了条码费 7.8 万元（一次性费用），节省的年度固定费用超过 0.5 万元，总体节省费用超过 20 万元，并且争取了相对较好的陈列面，为今后的销售打下了良好基础。

【问题讨论】

1. Z 公司的优势和劣势都有哪些？

2. 乐多卖场的优势、劣势都有哪些？

3. 厂家产品进入卖场的谈判内容应包括哪些方面？

4. 阅读这个案例后有哪些体会和启发？

背景资料 2-2

探询式递进谈判法

康德公司是一家专业生产和销售饮料的公司，相当有实力，目前产品的主要销售市场是在安徽，华东其他区域也都有零散的销售。该公司两年前就进入了江苏市场，对所有客户采取的是"一口"买断的经营方式，年销售额只有 200 万元左右。

去年，康德公司决定重新整合江苏市场并建立完整的分销网络，总部给江苏市场下达了 2 000 万元的业绩目标。从 200 万元一下跳到 2 000 万元，其难度可想而知。这个业绩目标使众多销售经理纷纷知难而退，只有刘虹自告奋勇，走马奔赴江苏，承担起了该区域销售经理的重任。

在拟定了新的市场推广计划并确定了全面的费用预算后，如何在各县找到合适的代理商并能签订有把握的目标量，就成了实现江苏整体业绩开发目标的关键。善于运用探询式递进谈判技巧，引导代理商签订高额合同是刘虹敢于接手江苏市场的真正原因。以下是刘虹在操作江苏市场时，发生的一个很典型的与代理商合作谈判的案例。

刘虹按照预先的约定拜访了兴化市（县级市）的客户之一王老板。王老板是康德公司的老客户，以前用现款从康德公司买断货后再加点利润批发给终端或直接零售，去年共销售康德饮料 20 万元（其他品牌饮料 150 万元）。

双方寒暄后立刻进入了主题。刘虹首先对王老板几年来对康德的支持表示感谢，详细介绍了公司新的发展规划并表达了自己打算做好江苏市场的坚定信心。王老板听后眼睛一亮，表示希望能成为康德公司兴化市的独家代理商。于是接下来的话题就围绕着业绩目标量和厂家的条件展开了，以下是精选的部分谈话内容。

刘虹："王老板，你以前仅仅是我们公司在兴化的客户之一，合同也没签，每年就可以销售康德饮料 20 万元。假如我们正式授权你为公司的代理商，享受代理商供货价，你可以完成多少销售额？"

王老板："40 万元应该没问题，只是担心窜货。"

刘虹："我们有统一的市场价格和管控体系，不会发生价格混乱的情况。窜不窜货关键看同一地区代理商之间的默契，不能搞恶性竞争。"

　　王老板："我希望成为你们在兴化的独家代理商，这样市场不容易乱。"

　　刘虹："我知道你的终端客户很多，但我们公司对独家代理商有很高的要求，像兴化市这样的市场，40万元的销售任务肯定是不行的，而且做我们的独家代理商就必须主推我们的产品。"

　　王老板："那就60万元吧。我做兴化地区的总代理。"

　　刘虹："你去年所有饮料共销了170多万元，你认为代理康德产品有哪些因素影响你的销量提升？"

　　王老板："你们公司要求现款提货，所以不敢多进货，怕卖不完压仓库；但有时又容易因缺货丧失一些销售机会。"

　　刘虹："假如你不用担心库存风险，能增加多少销售额？"

　　王老板："七八万元应该没问题。"

　　刘虹："行，你最后一批进货所产生库存的70%由我们公司承担，但你必须承担退货的运费。你的销售目标就按70万元算。还有其他阻碍因素吗？"

　　王老板："饮料销售的季节性太强，厂家经常调价，如果厂家降价而不补差价，我们就要遭受损失。如果厂家能补差价，我们就无后顾之忧了。"

　　刘虹："我可以承诺100%补差价，但你必须增加5万

82　　　　　　　　　　　　　　　　　　推销实训

元的销量。其他还有什么能帮你增加销量的办法？"

王老板："我个人能力有限，特别是终端推广方面，如果你们能经常过来指导或帮助我进行终端客户的谈判和管理就好了。"

刘虹："我们今年专门派了一名业务经理负责泰州地区，以帮助代理商开拓和管理终端客户并做好市场推广工作。你这里是重点市场，也可以给你派一名。但这样你要再增加5万元销量！"

王老板："还有什么优惠条件，都给我算上。最好供货价能再优惠一点。"

刘虹："我们专门针对像你这样有潜力的客户拟定了'大客户奖励政策'，如果你能销售90万元，年终可以给你返利5 000元；达到100万元返利1万元，再往上每增加10万元，增加返利2 000元，上不封顶。"

最终双方以100万元的目标量签订了代理合同，且合同条款规定：如果王老板完不成100万元的销售额，则只能享受80%的代理费（另外20%代理差价作为年底完成目标额的返利）。显然，对于完成100万元的目标，王老板已很有把握。而且，虽然公司答应承担最后一批进货所产生库存的70%，但由于王老板也要承担30%，且还需承担运费，王老板的压力也不小，不会轻易放松库存管理。只要康德公司的业务经理做好常规的客户拜访，并随时根据客户的库存与市场需求情况及时调节，发生退货的可能性就会很小。

就这样，刘虹充分运用探询式递进谈判的方法，使整个江苏区域的代理商签订的合同目标额达到了2 300万元，再加上直营的几家商场，只要在执行中不出现大的失误或异常，完成2 000万元的年度目标是没什么问题了。

【问题讨论】

1.客户开发前应做哪些准备工作？

2.刘虹这次的推销谈判有哪些特点？

◉ 工作岗位角色演练

演练项目：经销商渠道推销

【演练目的】

1.体会经销商渠道推销前应进行的准备工作。

2.掌握经销商渠道推销的工作内容。

3.掌握经销商渠道推销的具体步骤。

4.训练经销商渠道推销的技巧。

【演练要求】

1.每位学生选择一种商品进行经销商渠道推销的模拟。

2.自选或指定一位或几位学生作为销售对象。

3.搜集所销售商品的岗位资讯。

4.做好经销商渠道推销前的各项准备工作。

【演练步骤】

1.资讯准备

• 熟悉所销售商品的市场地位、品种、特征及该品种商品的市场状态。

• 了解该类商品的消费者情况。

- 了解该类商品本地经销商的情况。

2.工作任务实施

- 撰写所销售商品在某地的经销商渠道销售计划书。
- 每位同学进行某种商品的经销商渠道模拟销售。

3.工作检查与评价（见表2-5）

表2-5　　　　经销商渠道推销模拟考核表

班级：_____考核对象：_____考核时间：_____

评分项目	细化标准		优秀	良好	合格	不合格	得分
销售准备 （20分）	准备充分，有样品或产品资料，形象设计合理，有详细的销售计划		18～20分	15～17分	11～14分	10分以下	
基本素质 （20分）	仪表得体，态度诚恳，普通话标准，表达清楚流畅，谈吐自然，动作协调，应变能力强		18～20分	15～17分	11～14分	10分以下	
销售设计 （40分）	销售过程清晰，并能在各阶段中合理体现销售的技巧和方法	接近客户	9～10分	7～8分	5～6分	4分以下	
		介绍商品	9～10分	7～8分	5～6分	4分以下	
		异议处理	9～10分	7～8分	5～6分	4分以下	
		建议成交	9～10分	7～8分	5～6分	4分以下	
演示效果 （20分）	在规定的5～10分钟内完成整个产品销售过程，过程连贯，并使客户感到满意		18～20分	15～17分	11～14分	10分以下	
评价	得分小计						

● 学生互评。

● 教师对每位学生的推销礼仪、行为举止、衣着予以评价。

● 教师对每位学生的模拟推销进行评价。

● 教师对每位学生进行综合成绩评定。

实训项目三
组织市场推销实训

◎ 任务设计

销售人员面对组织市场（生产者市场、非营利组织市场、政府市场）进行推销。

◎ 实训目标

1.明确面对组织市场进行推销的岗位工作任务。
2.了解面对组织市场进行推销的技巧和方法。
3.掌握面对组织市场进行商品推销的步骤。

◎ 实训情境

以某一厂家销售代表面对某一组织购买者（企业、非营利组织、行政事业单位）进行推销为实训情境，销售代表在该工作岗位完成相关的销售工作。

◎ 实训要求

参加实训的学生分组选择某一具体商品、选择某一单位，根据实训步骤，填写相关内容，模拟完成工作任务。

◎ **实训操作**

由于组织市场的特殊性，对推销员的要求也比较高，不仅需要懂得销售技巧，还需要了解单位的组织结构、采购流程、专业要求等，要求推销员在顾客面前建立起足够的可信任形象。推销员进行组织市场推销的操作步骤，如图3-1所示。

| 寻找顾客 | 预先接近 | 接近顾客 | 推销说明 | 处理异议 | 促成交易 | 全程售后服务 |

图3-1　组织市场推销的操作步骤

第一步：寻找顾客

一、获知有可能购买的准顾客名单

_____

_____

_____

岗位资讯3-1

寻找准顾客的方法

1.地毯式访问法，是指像卷地毯一样逐一毫无遗漏地进行访问的方法，也叫"挨门挨户访问法"。这种方法是在推销员不熟悉推销对象的情况下，直接走访某一特定区域或某一特定职业的所有个人和组织，以寻找顾客的方法。它是建立在"平均法则"的理论基础上，假定在所有人当中，一定会有推销员所要寻找的潜在顾客，这些潜在顾客的数量与被访问的人数成正比关系。

2.委托助手法，是指推销员在企业外部选聘一批与本单位业务有密切关系的助理人员协助自己收集情报，提供准确的顾客线索，对目标顾客进行初步了解或帮助推销员进行推销活动。当然，经助理人员开发的准顾客在与推销员成交后，那些助理人员将会得到一份佣金报酬。

3.连锁介绍法，是指推销员请求现有的老客户帮助介绍未来顾客的方法。比如由顾客A介绍到顾客B，又由顾客B介绍到顾客C，一个又一个地介绍下去，犹如化学的连锁反应。

4.权威介绍法，是指先说服在一定范围内有较大影响的中心人物或组织购买，通过他们来影响其他人或组织成为准顾客，这实际上是连锁介绍法的特殊形式。这些中心人物或组织往往是流通领域的消费者领袖，一般都具有很大的影响力，如知名人士、高层管理人员等等。推销员让这些知名人物或组织了解自己的工作、信任自己的人品和推销的产品质量，为其提供满意的服务，进而取得他们的信任和合作。通过他们寻找更多的准顾客，借助他们的社会地位不断地扩大产品和企业的声誉和社会影响。

5.个人观察法，是指推销员根据自身对周围环境的直接观察、判断、研究和分析，寻找顾客的一种传统方法。运用这种方法的关键在于推销员的自身素质、职业灵感和洞察力。要善于处处留意，察言观色，从细微之处捕捉机会；善于从报纸杂志、广播电视、人们的言谈举止中搜寻潜在的顾客。

6.广告推销法，是指推销员利用各种广告媒体来寻找顾客的一种方法。根据传播方式的不同，广告可分为开放式广告和封闭式广告两类。开放式广告又称被动式广告，如电视广告、电台广告、报纸杂志广告、招贴广告、路牌广告、网络广告等，当潜在的顾客接触或注意其传播载体时，它能够被容易地看见或听到。封闭式广告又称主动式广告，如邮寄广告、电话广告等，它直接传播至特定的目标对象，与开放式广告相比，具有一定的主动性。

7.资料查询法，是指通过收集整理现有的文献资料，查阅各种信息来寻找潜在顾客的方法。这种方法，实际上是一种市场调查的方法，它着重于对现有资料的收集、整理和分析，以确定潜在的顾客。就我国现阶段的情况看，推销员可以利用的资料有：互联网、工商企业名录、电话簿、统计资料、工商管理公告（如商标注册公告、企业登记注册公告）、产品目录、协会名册、书报杂志、企业广告或公告。利用资料查询法寻找顾客，能够减少推销工作的盲目性，节省寻找顾客的时间和费用。同时，还可通过相关资料对准顾客进行了解，做好接近准备。

8.会议寻找法，是指推销员利用参加各种会议的机会来寻找准顾客的方法。如各种产品博览会、展评会、订货会、供货会、物资交流会、技术交流会等，也包括各界人士联谊会、校友会、亲朋好友的生日舞会和新婚宴会等。推销员应尽可能地参加这些社交性会议，在这些会议上开阔眼界，广交各界人士，建立广泛的社会关系网，从而得到尽可能多的顾客来源。

二、准顾客的资格审查

_____

_____

_____

第二步：预先接近

在正式推销之前需要预先做好充分的准备，这是推销员取得成功的秘诀之一。推销员在确定要向某位准顾客推销产品之后，与之接触前必须尽最大努力对顾客的有关情况做详细的了解。不然，就会影响推销工作的顺利开展。准备工作做得越周到，推销成功的机会才会越大。

一、预先接近的工作内容

_____

_____

二、预先接近的工作方法

_____

_____

三、制定推销访问的方案

1.选择见面的时间、地点，考虑恰当的接近方式

_____

_____

2.核实顾客的资料_____

_____

3.确定推销说明的内容_____

_____

4.规划整个推销说明的流程_____

_____

5.事先想好准顾客可能提出的异议_____

_____

6.反复检查推销访问的方案_____

_____

四、准备充分、必要的推销材料

_____

_____

五、选择合适的推销方式和策略

_____

_____

六、设计个人推销形象，做好接近准顾客的心理准备

_____

_____

七、约见顾客

_____

_____

岗位资讯 3-2

约见客户的方法

1. 当面约见

一次电话推销访问结束时，如未能解决购销的所有问题，双方可以约定再见面深入地洽谈。

2. 信函约见

虽然寄信不像电话联系那么有效，但是它仍可用来

安排约见。同电话联系一样，在信中必须要介绍一下你自己和你所代表的公司，要抓住潜在顾客的兴趣点，要求安排约会时间，并且上述这一切都要简明扼要。一般没有人愿意读十分冗长的信。进行约会的书面内容可以根据不同的目标客户而采取不同的形式。你可以在信中要求潜在顾客确定一个合适的约会时间并回复你。你也可以自己定一个时间，如果潜在顾客认为不合适，请他再与你联系约定；或者在信里说你会在近期将与其进行电话联系以便安排约会时间。无论在什么情况下，信件一定要整齐地打印在带公司抬头的信纸上，并签上姓名。

3.电话约见

原则上，推销员在与顾客通话过程中，通话的时间要简短，语气要平和，出言要有理有据，口齿要清晰。切忌心浮气躁，语气逼人，尤其在顾客借故推脱、有拖延约见之时，更需平心静气，好言相对。在与顾客约定会面的时间和地点时，推销员应尽量积极主动，不可含糊其辞，以免错过约见的时机。

4.委托约见

委托约见是推销员委托第三者向准顾客转达约见的请求。委托约见包括四种重要形式：①留约。推销员将约见内容以书面形式交给受托者，由被约见人来受托者处查看预留的约定。②传约。推销员将约见内容以口头形式让受托者向被约见人传达。③转约。推销员将约见内容以书面形式交由受托者送给被约见人。④再转约。推销员将约见内容以书面形式交给受托者，受托者再托其他人送给被约见人。

5.广告约见

广告约见是指推销员利用网络、报纸、杂志、广播、电视或印刷品等广告媒介方式进行约见准顾客。

在约见对象不明或太多的情况下，这是一种有效的约见方法。广告约见可以确定适当的约见时间、约见地点、约见方式、联系人及联系电话，使推销员处于积极主动的地位，把上门推销变成准顾客的登门求购。一般来说，登门求购者基本上是真正有购货需要和购买能力的人。因此，广告约见可大大节省时间，提高推销效率；此外，广告约见还可以扩大推销员的个人知名度以及所推销产品的影响力，起到广告推销的作用。

第三步：接近顾客

接近是推销洽谈的前奏，是推销员给予准顾客好的第一印象的关键，是引起准顾客的注意，进而使顾客对推销品产生兴趣的重要阶段。因此，接近是关系到推销工作成败的举足轻重的第一步。许多推销员的成功与失败都决定于第一次与准顾客见面时的最初 1 分钟，这 1 分钟就决定了是否有机会让你接近准顾客并做推销说明。

一、塑造令人难忘的第一印象

<hr>

<hr>

操作实例 3-1
价值六位数的浴室设备订单

美国洛德曼公司的总裁哈罗德·洛德曼为了争取一份价值六位数的浴室设备订单，请其助手安排了一次与准顾客马丁德尔公司总经理约瑟夫·马丁德尔的会面。会面前，助手建议洛德曼洽谈时务必简洁明了，因为马丁德尔是一位不喜欢无意义交谈的人，如果洽谈的时间超过 5 分钟就会失去交易的机会；然而洛德曼赴约时却成功地与马丁德尔相处了 3 个多小时，并共进午餐，获得了这份订单。洛德曼有何诀窍令马丁德尔花费这么长的时间与他一起讨论问题呢？

洛德曼与马丁德尔见过面后就说："在等候您之时，我欣赏了您办公室的装饰，布置得非常有特色。那盏浮雕灯是法国制造的吗？"马丁德尔和颜悦色地回答："是的。您真不愧为识货之人，那是纯正法制的有花卉浮雕图案的玻璃灯饰，这种灯现在已经不多见了。说起这盏灯还有一段故事，那是几年前我去巴黎……"由此打开话题，从灯饰谈及艺术，再谈及室内装修，最后谈到浴室设备的订单事宜，令马丁德尔意犹未尽。

二、给"把关者"的第一印象

_____

_____

_____

三、接近方法

推销以引起准顾客注意为开始，以最后满足顾客的愿望为结束。接近是推销行为的开始，也是推销员与准顾客正式沟通的开始。沟通是否顺利，除受到约见时间和约见环境的影响之外，还会受到准顾客个性的影响。不同的人在待人接物方面的心态和方式是会有所不同的，这就会使沟通出现各种障碍。为了能消除各种沟通上的障碍，推销员就要根据不同的人、不同的场合使用不同的接近方法。常用的接近方法有以下几种。

1.利益接近法_____

_____

2.产品接近法_____

_____

操作实例 3-2

新型铝制轻便婴儿车的推销

　　美国有一位儿童用品推销员在推销一种新型铝制轻便婴儿车时，就非常有效地采用了产品接近法，他从一本工商名录中查到纽约市梅西斯商场的名字，便带着婴儿车走进该商场的营业部。在那里，他发现各类童车一应俱全，经营规模很可观，于是向一位女店员打听采购经理的办公地点并核实经理姓名。当他跨进办公室向经理打过招呼后，就不动声色地把带来的轻便婴儿车递上，经理一看便问："什么价钱？"

　　他立即交给经理一份内容详细的价目表，那位经理看过后果断地说："先送6辆车来，全要蓝色的。"

　　"你不想听听产品的介绍？"他问。

　　"不用了！"经理回答道："眼前的产品和价目表已经告诉我所要了解的全部情况了。"

　　于是，购销合同很快就签订了。推销员自始至终只说过一句话，经理在他临走时说："我喜欢你的这种推销方式，和你做生意真痛快！"

　　3.提问接近法＿＿＿＿＿＿＿＿＿＿＿＿＿＿＿＿＿＿＿＿

＿＿＿＿＿＿＿＿＿＿＿＿＿＿＿＿＿＿＿＿＿＿＿＿＿＿

操作实例3-3

推销推土机

　　某推销员在向一位建筑商推销推土机时，交谈中的启发性提问只得到简单而暧昧的回答，准顾客始终不说明他的需求。推销员只好在回公司的途中到修理店了解情况。结果他发现修理店有许多牌子的推土机与那位建筑商使用的相同，毛病又都出在液压系统。于是，他对那位建筑商进行了第二次拜访。这次拜访，推销员先是采用了启发性提问，继而又采用了导向性提问。推销员问："你的推土机需要经常修理吗？"建筑商十分机械地回答："修理，当然要！"推销员接着问："是哪一部分要经常修理呢？"建筑商答道："一般都要修理。"推销员紧接着问："是液压系统经常出故障需要修理吗？"建筑商回答道："液压系统？是的，那一部分最经常要修理。"推销员费了一番唇舌，终于从建筑商嘴里得知，对方现在使用的推土机确实经常在液压系统上出毛病。此时，推销员就可以详述自己推销的推土机在液压系统方面的优越性和可靠性，劝说对方在更新推土机时选购自己的产品。

　　4.好奇接近法

推销隔热设备

美国有一位推销隔热设备的推销员，见到准顾客一开口就问："你知道世界上最懒的东西是什么？"对方感到迷惑，好奇心促使其注意倾听下去。他就继续说："世界上最懒的是藏起来不用的钱。如果它稍为勤奋一点，就可以为你赢得一套隔热设备，让你的室温下降20％。"推销员的这番话，引起了准顾客对购买隔热设备的兴趣。

5.震惊接近法＿＿＿＿＿＿＿＿＿＿＿＿＿＿＿＿＿＿＿＿＿＿＿

推销汽车轮胎

要让人震惊就必须有震撼力。让我们比较一下两位轮胎推销员根据同样的一个统计资料，但使用两种不同开场白所取得的不同效果。

甲说："去年在高速公路上肇事的汽车，30％是由于爆胎。"这么一句开场白必然会引起车胎早已磨损的驾驶员的震惊和专注，"你说什么？请再说一遍。"

乙说："经过调查发现，去年在高速公路上肇事的汽车，许多是由于爆胎。"这样的平铺直叙，就削弱了震撼力。听者犹如听一则淡而无奇的新闻报道，打不起精神。

　　　　　　　　　　　推销实训

6.赞美接近法_____

_____

怎样去赞美别人？

你是否记得得到老师或领导当众的一次小小的赞扬后的感觉，那种美妙的感觉持续了多久？多说些称赞别人的话，人们会因此而喜欢你，而你自己也会因此而受益无穷。去慷慨一些赞扬别人吧！但是您一定要注意：

1.赞扬要真诚，倘若这种赞扬不真诚还不如不赞扬。

2.赞扬行为本身，而不要只赞扬人。赞扬行为本身，可以避免尴尬、混淆、偏袒，并鼓励更多的同类行为。

如："王经理，您的建议对公司帮助很大"要胜过"王经理，你是一位了不起的人"这样的表达。

3.赞扬要具体、要实在，不宜过分地夸张。

例如："张小姐，你太漂亮了。"不如说"这件衣服穿在你身上真漂亮。""你真会买东西，我下次买衣服一定请你去当参谋。"

4.赞扬要及时，而不要事隔太久。

及时地赞扬别人往往取得最好的效果，尤其是当场赞扬别人，效果更好。请你养成每天赞扬别人的习惯。

你会感到这么做以后，你自己会有多么开心！当看到这么做给别人带来幸福、欢乐和感激时，当你看到自己可信赖的朋友越来越多时，当你看到自己的魅力和影响与日俱增时，你自己也会因此而感到幸福、快乐和充实。

7.调查接近法_____

_____

8.其他方法_____

_____

操作实例 3-6

方颖文的初次拜访

方颖文，WOSH 广播公司的销售代表，正在拜访"浪漫一身"商店的老板徐佳雯。该商店位于无锡市区，是一家以款式最新、最流行而闻名的时装店。方颖文与徐佳雯会面，想向徐佳雯推销 WOSH 广播时间来为"浪漫一身"商店做广告。

方颖文：（伸手）"早上好，徐小姐，今天好吗？"

徐佳雯："很好，谢谢。"

方颖文："对不起。今天天气很不错，真希望能出去打高尔夫球。你打高尔夫球吗？"

徐佳雯："不，我不打。现在，我能为你做点什么？我很忙，生意让我很花费时间。"

方颖文："你肯定很忙。你知道，每一个人都说你这儿是无锡最好的商店。人人都这么说。"

徐佳雯：（交叉手臂于胸口）"很好。听到这话我很高兴，现在说一说你为什么来这儿。"

方颖文："好。首先，让我做个自我介绍。我是WOSH广播公司的方颖文，希望我今天没有占用你宝贵的时间。我想向你介绍一下购买WOSH广播公司广告时段的情况。"

徐佳雯："在过去，我们主要刊登报纸广告。那样做效果似乎也不错。"

方颖文："听你这么说，我很遗憾。但是你至少应让我们尝试一下，你可能会有惊奇的收获。"

徐佳雯："也许将来我会尝试一下，但眼下我不想在广播电台广告上浪费资金。现在，我要走了，我们刚到了一些新货。"

第四步：推销说明

推销说明的目的是要介绍你的产品或服务给准顾客，为促成交易铺路。推销说明越有技巧，越能吸引准顾客，越容易促成交易。然而，推销说明绝不是言过其实的吹嘘，而是一种反映信息沟通过程的技术和方法，是一种反映如何促进准顾客采取购买行动的经验。

（一）产品演示法

产品演示法是指推销员通过直接展示或操作产品来劝说准顾客购买推销品的说明方法。

1.事先检查自己的推销品_____

_____

2.抓住有利的时机进行演示_____

_____

3.演示的形式和安排要有创意_____

_____

4.要将演示和说明相结合_____

_____

5.安排准顾客亲身参与演示_____

_____

6.要帮助准顾客从演示中得出正确的结论_____

_____

岗位资讯3-4

推销说明的原则

一、事先对推销说明做好计划

推销员进行的每一次推销说明都必须要有目的、有计划。无论是向新的准顾客推销新产品，还是追踪访问以前没有成功促成交易的准顾客，或是访问经常购买的购买者，都必须有目的、有计划，事先设定目标，然后确定推销说明的方式和内容等。推销说明的关键并不在于你说了多少的问题，而是准顾客听进去并相信了多少问题。要使推销说明有效，推销员就必须在以下四个方面事先作好安排：

1. 方式。说明方式包括推销说明内容的编排架构必须按部就班，紧紧地抓住准顾客的心理，一步一步把对方引导到购买上来。

2. 内容。推销说明的内容是推销员所要展示的信息内涵，必须多用演示，少用语言，多用旁证，少说空话，并且要有丰富而不空洞、有趣而不无聊的内容。

3. 提示与演示。提示与演示是推销说明的重要组成部分，是对说明内容的强有力的证明方法。提示是以语言的方式，演示是以非语言的方式向准顾客说明产品的功能，证实自己所推销的产品或提供的服务的优点。

4. 工具。说明工具是推销员用来装饰、充实说明内容的辅助手段，如产品样品、图片、手册、说明书以及音像资料等。工具把生动和形象注入推销说明之中，可以增加准顾客的兴趣。

二、推销说明要有针对性

推销说明要针对准顾客的需求、欲望或特定的问题，把产品和服务的优点与这些问题接上关系，并且要针对不同的准顾客确定不同的说明方式和内容。针对目标进行推销说明，必须确定三个主要方面：

1.确定正确的产品和服务，这是推销说明有效的前提条件。不同的购买者即使购买同一产品都可有不同的理由。推销员须谨记，你所推销的是产品的使用价值以及带给购买者的附加利益，而非产品本身。针对目标进行推销说明要选择正确的产品，提供适当的服务，以能满足准顾客需求的产品和服务向准顾客推介。

2.确定适当的价格。在推销员具有价格决定权的情况下，为准顾客确定适当的价格是成功推销的主要秘诀。即使产品定价不是由推销员决定，他也必须经常在不同价格水平上的产品和服务进行选择，确定适合特定推销对象价格要求的产品和服务。更多的时候，推销员要把自己掌握的价格信息反映给企业的价格决策部门，为制定合理的产品价格提供有益的意见。

3.确定能反映准顾客购买利益的见解。购买者要求的利益几乎是无止境的，然而必有其最感兴趣的利益方面。针对准顾客感兴趣的利益进行说明，并以独特的方式把这些对购买者有利的见解表达出来，是强化推销说明内容很有价值的一环。

此外，推销员还需要有针对性地确定与推销说明有密切关系的其他问题，如交货期和履约流程等。

三、推销说明要清楚、完整和全面

推销说明的目的是要促使准顾客采取购买行动。这一过程其实也是准顾客对推销品的了解和认识过程。所以，推销员在向准顾客进行推销说明时，所选定的说明内容（信息）要符合准顾客的心理反应，能增进其购买的欲望。为此，推销员对产品的讲解要通俗、易懂、详细、亲切、完整，尽可能地把产品的重要特点、性能以及对购买者的好处都包括进去，使准顾客听完说明后对产品有全面的认识和了解，而切忌说明时含糊不清、内容不连贯以及啰嗦重复，使准顾客产生厌烦、疑虑及不知所云。

推销说明后，推销员可通过提问的方式试探着判断准顾客的理解和领会程度。准顾客对提问的答复是推销员判断自己说明成功与否的标尺，也是获悉对方尚未理解或希望进一步详细了解有关问题的最好方法。推销员可根据不同的具体情形，对准顾客做突出重点且使人不觉厌烦的介绍，帮助准顾客从功能、质量、价格等方面进一步了解和认识产品。只有在准顾客对产品有全面、完整的了解和认识后，推销员才能促使其作出正确的购买决策。

四、推销说明要取得准顾客的信任

推销员进行推销说明时，要用一些能使准顾客接受并相信的方法来介绍自己和产品。人们对素昧平生者一般都怀有戒心和不信任感。所以，推销员初访准顾客时取得对方的信任就显得十分重要。

推销员的推销说明要取信于对方，首先就要对自己的产品能满足准顾客的需要具有信心，如果连自己都不相信推销品的真实作用，那么，推销介绍就无法取得准顾客的信任。

其次，推销员在说明时要真实、诚恳、耐心，不要显露出丝毫急于成交和迫不及待想挣钱的心态，使准顾客由衷地感到你确实是为了满足他的需要，才能令其消除怀疑和戒心。

再次，推销员要避免打击别人来抬高自己，要靠产品的质量、价格、服务和差异特色取胜。如果推销员知道自己的产品能够满足准顾客的需要，而且事实上又比竞争对手的产品胜出一筹，那他就不用担心竞争者，而是突出宣传自身产品的优点和长处，引导准顾客去作出正确的比较和选择。打击别人的做法既是对准顾客判断能力的怀疑，也是使准顾客产生对推销员不信任的根源之一。

最后，推销员在说明时要有乐观的态度，不管说明成功与否，不管生意做成与否，都要保持热情有礼。有时虽然推销员尽了很大努力，但由于种种原因而未获得成功，对此，推销员千万不要泄气，更不可前后判若两人。谁也不能保证每一次的推销说明都能成功地达成交易。但每一次的推销说明都是准顾客对推销员人格的认知，这次的失败或许是将来成功的前奏。

（二）文字图片演示法

文字演示可以准确传递推销信息，既能省去推销员进行推销提示的重复劳动，又能节省洽谈的说明时间，同时也有利于准顾客通过重点阅读和快速阅读，更准确和更全面地掌握推销员所提供的推销信息。产品性能和使用说明书、产品价目表、产品证明文件等文字材料，是这种演示方法十分适宜有效的工具。

图片资料容纳的信息量比文字资料大，也较生动，易于理解。在不便于演示产品内部结构、运转情况时，推销员宜借助于图片进行演示。譬如，用剖面图形表示推销产品的内部状况，能通过简化实物的方法突出重点，因而起到产品演示无法表达的功效。图片演示还可结合文字演示，做到图文并茂，便于准顾客更好地接受有关信息，树立产品形象。

（三）电脑音像演示法

_____

_____

_____

　　使用电脑多媒体音响进行演示有利于大量和迅速地传递推销信息，一来可以减轻推销员用语言表达的工作负担，二来可利用音响效果产生震撼性的刺激，取得口头表达难以取得的那种效果。推销员进行产品说明时，还可以使用电脑多媒体等设备来演示各种音像资料，这样能制造真实可信的推销气氛，加深准顾客的印象，引起对方的注意。

岗位资讯3-5

客户拒绝分析

　　1.一位突然来访的销售代表，他本身就是一位不速之客，因而遭到拒绝是理所当然的。那么，在拒绝中有没有真正的原因呢？心理学家做了一个这样的调查问卷：

　　A.有很充分的理由而拒绝

　　B.虽然没有明显的理由，但仍能随便找一个理由而拒绝

　　C.以事情很难办为理由而拒绝

　　D.记不清什么理由，只是出于条件反射加以拒绝

　　E.其他

结果，在收回的 387 份答卷中，选择 A 的占 18%，选择 B、C、D 三项的相加可达 69%。所以调查表明，事实上人们并不真正知道自己为什么而拒绝，拒绝只是人们的一种条件反射和习惯而已。

2.被拒绝时应保持良好的心态

销售代表训练之父雷达曼说："销售是从被拒绝开始的！"世界级营销大师齐藤竹之助也说："销售实际上就是初次遭到客户拒绝后的忍耐与坚持。"

那么我们应该以什么样的心态来面对它呢？杰克里布斯曾这样说过："任何理论在被世人认同之前，都必须作好心理准备，那就是一定会被拒绝二十次；如果您想成功就必须努力去寻找第二十一个会认同您的识货者。"所以，在推销中我们应把拒绝看成是我们的路标，一路上数着被拒绝的次数，次数越多心里就越兴奋，告诉自己受到二十次拒绝时就会有一个认同者了。

在推销中，要让自己习惯于在拒绝中找到快乐，习惯于去欣赏拒绝。心里鼓励自己说："被拒绝的次数越多越意味着将有更大的成功在等着我。"在拒绝面前我们要有从容不迫的气度和信心，不要因遭到拒绝而灰心丧气而停止推销。因为，我们坚信成功就隐藏在拒绝的背后！

3.被拒绝后应做什么

①需要等待时

在漫长的等待中，与其束手无策，不如借此机会进一步想办法全面地了解你的客户，以便获取意外的收获。

②客户不在时

当客户不在或不能接待你时，你要给客户留下商品目录、资料样品等宣传资料，总之是那些能引起客户兴趣的东西；并将写有"未蒙会面，甚感遗憾，希望今后能够给予关照"的名片留下来，最好在名片上亲笔写上下一次再来拜访的时间，这样有签字的名片多少会给客户留下一些特别的印象，以促进你下一次的拜访。

③客户拒绝时

被客户拒绝后，你更加要保持你的绅士或淑女风范。要微笑地跟客户说："不好意思，耽误您的时间了，谢谢您的接待。"并跟客户约定下一次见面的时间。如果不能确定具体日期，就跟客户说："下一次等您有空时，我再来拜访或再来请教。"

离开时应该和来时一样恭敬有礼。关门时动作要轻，并注意在退出门外前要将正面留给客户，以便于向客户再次表示谢意，行礼告辞。

第五步：处理异议

异议可成为反映准顾客兴趣所在的一种标志，是了解购买者对推销说明的反应的一种依据，同时还可作为推销策略运用的一种指引。了解准顾客的异议，并正确地对待和处理异议，是推销洽谈中十分重要的一环。

1.对资格的异议_____

_____

2.对产品的异议_____

_____

3.对价格的异议_____

_____

4.对时间的异议_____

_____

5.对推销者的异议_____

_____

6.对货源的异议_____

_____

岗位资讯 3-6

处理异议的原则

"不要攻击准顾客的异议，而要帮助他打消异议；不要为准顾客的异议进行争论，而是要有目标地以教导的方式说服他。"这是现代推销对处理准顾客异议的基本要求。只有成功地处理各类准顾客的异议，才能有效地促成交易。

无论准顾客的异议属于哪一种类型，推销员在对待和处理准顾客异议时必须遵循以下原则：

1.采取说服的态度

采取说服的态度就是消除洽谈中准顾客的紧张心理，让准顾客确信推销员与他站在同一战线，而不是互相对立，这种态度会使购买者觉得很舒服。

2.认识顾客的异议

顾客的异议可能是公开的，也可能是隐藏的。如果顾客的异议没有明显地表达出来，或者多得到的是不真实的异议，推销员就要努力找出异议的真实内容。

引导顾客说出真正的异议的最好办法是倾听，只要你给予机会，顾客都会自愿地说出其真正的购买异议。询问也是认识异议的重要方法。推销员在发问时，询问范围由大而逐步缩小，就会逐渐接近顾客的真实异议。

3.正确地对待顾客的异议

为了有效地处理顾客的异议，推销员必须在其提出异议之前就事先进行预测。如果预先得知顾客的异议，推销员就会在洽谈时占据主动，就能做到胸有成竹，并选择适当的方法有效地处理异议。

　　推销员需牢记对待准顾客异议的几个法则：第一语言要让对方可以接受，要显得亲切；第二要表示重视，其中倾听是最好的重视方法；第三要有自信心。

　　4.策略性地处理异议

　　推销员接纳准顾客的异议后，如何帮助对方克服这些异议而让其作出购买产品或服务的行动呢？经验丰富的推销员会策略性地运用处理异议的技巧，其要点有4个：避免争论、实事求是、感情沟通、选择时机。

操作实例3-7
推销安全警报系统

　　一位自动安全警报系统推销员正在向一位商店经理推销。

　　商店经理："你认为任何人走进这些电子感应范围内，警报系统就会响，当地警察局就会接到报警信号吗？"

　　推销员："是的。"

　　商店经理："报警系统怎么开关？如果我们离开时忘了打开岂不失去了作用？""系统开关与门锁连在一起，你们不会吓走窃贼吗？"

推销员："可能会这样。但我们的目的是在预防损失而不是总在捉贼,是不是这样?"

商店经理："能防止损失又能捉到贼,那是最好的了。"

推销员："万事总不能两全其美。"

商店经理："那么,该系统的价钱和维护费要多少呢?"

推销员："系统的售价包括安装费共计12万元,维护费每月约为800元。"

商店经理："费用这么高?"

推销员："经理先生,你们有雇用夜间守卫员吗?"

商店经理："暂时没有。"

推销员："您知道雇佣一位夜间守卫员每月需要多少钱吗?"

商店经理："大约要2 000元吧?但我们除维护费外还需付出12万元购置系统的费用,这会增加我们的负担。"

推销员："该系统保证使用10年以上,分摊到每月的费用不算多。我想,贵商店每天至少有20万元的存货吧?"

商店经理："应该不止这个数 。"

推销员："您知道装有自动安全警报系统可减少保险费的支出吗?"

> 商店经理："真的？"
>
> 推销员："您可以请教保险公司，节省的金额相当可观。"
>
> 商店经理："我们购买后到正式启用这个系统需要多长时间？"
>
> 推销员："不到一个星期就可以了。"

第六步：促成交易

> **操作实例3-8**
> **工业品推销：强调顾客的收益**
>
> 当你推销大件工业用品，尤其是针对大公司进行推销时，投资报酬率分析是很有必要的。这是因为，许多公司都把这种大采购看成是一项投资，如果从购买者的角度来看待这项采购，并计算其投资报酬率，就会对达成交易大有帮助。
>
> 小王是一家机床制造公司的业务员，曾亲身体会到投资报酬率分析的重要性。他所拜访的客户，几乎都对该公司生产的某M型机床爱不释手。对于客户来说，实际的使用者有关心机床本身性能、质量的部门主

管，也有隐藏于幕后的一群高级主管，而后者主要注意这项投资的经济效益。

一开始，小王只对第一群人员——部门主管进行专项推销，不过小王花费了很多精力和时间，先后拜访了不少客户，成绩却很不理想。直到有一天，某公司设备部的张经理在实际操作现场对小王说："你的主要竞争对手B设备公司为我们提供了一套投资报酬率分析报告。高明之处在于，这份报告不但包括了他们设备的投资报酬率，而且也包括了贵公司设备的投资报酬率……"这时小王才醒悟到：顾客在做决策的过程中，常常要进行投资报酬率的分析。

从此以后，小王在推销活动过程中，不仅向客户设备主管部门介绍M型机床的性能和质量，而且还进行投资报酬率分析，强调购买该机床的性价比和经济性。于是，小王的销售业绩也不断地直线上升了。

第七步：全程销售服务

深刻理解服务是推销员最重要的职责，是培养客户忠诚的最有效的途径，是体现企业核心竞争力的重要组成部分。

一、售前服务

_____

_____

二、售中服务

_____

_____

三、售后服务

_____

_____

_____

◉ 实训检查

1.强调组织市场推销的特殊性。

2.提示学生填写工作日报表、客户档案等作业文件的规范性。

3.组织各组发言人演示工作成果。

4.设计工作成果评价要点。

5.组织各组交叉评价各组工作成果。

6.点评各组工作。

7.邀请企业兼职教师点评工作。

◉ 工作岗位讨论

1.向组织购买者推销应主要强调什么?

2.如何利用人脉资源开发客户？

3.列举组织市场推销的错误行为。

4.如何对推销员进行销售过程的管理，以提高推销成功率？

◎ 工作岗位作业

1.组织市场同消费者市场相比，有哪些主要特征？

2.组织采购决策一般会有哪些主要角色构成？他们对于组织购买行为各产生怎样的作用？

3.组织市场的购买决策一般会经历哪几个主要阶段？

4.什么是政府采购？有何主要特点？会有哪些角色参与？

◎ 工作岗位实例分析

背景资料

推销如何做到位

一、站在采购部的立场，突出质优价廉

站在客户公司的大门口，我深深地吸了一口气。我要面对的是一家外资企业，对于产品质量的要求很高，他们对于焊丝的需求量很大。但是，我公司最主要的竞争对手已经抢先一步报了价，对手的产品质量、规模都是同行业的领跑者之一。我们两家在商战中没少交手，几乎都是平分秋色。

这次为了抢夺订单，我在做好相关准备工作之后，首先拜访了客户公司采购部的汪先生。在赠送了产品资料之后，我介绍了本公司的情况，汪先生似乎挺感兴趣，我便顺势推荐他们先试用一下我公司的产品，待认可质量后再协商价格，汪先生点头表示赞同。可到质检部拜访时，我遇到了麻烦。"现在我公司使用的焊丝质量相当不错，更换厂家使用你们的会有风险！"主管该项目的工程师陈先生，送过来一句冷冰冰的话。要把产品推销进去，首先必须得到技术方面的认可，采购部才能大批量采购。如果没有技术部门的"通行证"，任何产品都不可能进入，特别是正规企业，这一点不容置疑。

推销工作似乎走进了死胡同，怎么办？我于是来到了客户公司的生产现场，没准儿能有啥新的收获呢。这一转悠，我发现，他们正在使用的焊丝根本不是我们竞争对手的总厂生产的产品，而是竞争对手收购的其他企业生产的产品，质量比我们的要低；而且经过经销商加价，单价还比我们的高出好几百元。

有了上述两点，我心里有了数，再次找到了汪先生，坦诚地说："不错，你们目前使用的焊丝品质的确不错，这一点我不否认。但贵公司目前使用的焊丝产品品质却低于我公司目前主推的产品，而价格还高于我公司的。我们品质高但价格低，原因在于薄利多销。如果采购我们公司的产品，你们一年就能降低成本近20万元，这可不是个小数目啊；另外，我们公司在当地建有三百平方米的仓库，现在不是都时兴零库存吗，贵公司只需要一个电话，我们保证24小时内随叫随到……"听到了我公司产品质量、价格、送货快捷的这些优点，汪先生流出了满意的神色。他同意先试验一下我公司的焊丝样品，再向领导汇报。

二、站在对方老总的立场，道明事情的原委

不久，我公司的焊丝样品送过来了，先请客户公司陈先生试用，可他一口回绝，说没有必要。我又找到汪先生，他说焊丝试用报告已出来了，结论是焊渣较多，不符合他们的工艺要求。

不可能呀！目前多少大公司都在使用我们的产品，质量绝对是没问题的。我们不在现场，试用结果怎能保证公正？说我们的产品不适合，哪儿不合适？说原来的好些，好在何处？焊渣多，有没有详细的对比数据？面对我的疑问，陈先生也说不出个所以然。技术主管不认可，产品推销就难以顺利推进。我再去找陈先生时，他不是说质量有差距，就是借故离去，反正不松口，看来要获得这张"产品通行证"是遥遥无期了。

为了打破僵局，我决定给他们公司的老总写一封信。因为从与陈先生的接触过程中感觉到，竞争对手可能跟陈先生交情很深。如果站在老总的立场考虑问题，人为的阻力就会小得多，谁想做手脚阻止，谁就会面临丢掉饭碗的可能。于是，我在信中介绍了我公司产品的质量、价格优势等情况，并附了一份采用我公司产品的一家知名外企的工艺评定报告复印件，由特快专递直接寄给老总。

过了几天，采购部汪先生来电话，通知重新送焊丝样品做工艺评定，公司要重新招标；再后来采购部汪先生通知送小批量焊丝产品试用。不久，他们下了一个月20吨的订单。

一封信，看似简单，但它的确是一块敲门砖，敲开了一扇推销的大门。

三、站在技术主管的立场，消除误会以和为贵

事情看似结束了，但还有工作需要跟进。如果不消除陈先生的误解，那么我们的焊丝产品虽然暂时推销进去了，客户依然会在"鸡蛋里挑骨头"，工作也不会顺畅。商战以和为贵，只有消除误解、理顺关系才能获得"双赢"。

所以，我约请陈先生吃饭，他犹豫了一下还是答应了。在饭局上，我开诚布公地说了自己的想法："我们的业绩任务很重，希望陈先生能理解我的难处。以前如有不妥之处，还望陈先生原谅！"

陈先生点点头，说："只要你们公司的产品质量好，价格合理，我们的合作一定会是愉快的。"

其实陈先生已经知道我给老总写信的事了，采购部汪先生也转达了老总的意思，就是要用我们的产品。试想，如果陈先生依然一意孤行，阻止我们产品进入的话，陈先生很可能会丢掉饭碗。当然我并不挑明这些，大家都心知肚明。

一杯杯的酒饮尽后，我和陈先生都明白"和为贵"，误会化解了，新的合作机会也就开始了。站在采购部、对方老总、技术部各自的立场上，分清利弊，成功推销自然是水到渠成。

【问题讨论】

1.影响焊丝采购的人包括哪些？他们在采购中都起到什么作用？

2.焊材推销员在推销前都做了哪些准备工作？

3.阅读上述案例后，你有哪些体会？

◎ 工作岗位角色演练

演练项目：行政事业组织市场推销

【演练目的】

1.体会行政事业组织市场推销前应进行的准备工作。

2.掌握行政事业组织市场推销的工作内容。

3.掌握行政事业组织市场推销的具体步骤。

4.训练行政事业组织市场推销的技巧。

【演练要求】

1.每位学生选择一种商品进行行政事业组织市场推销的模拟。

2.自选或指定一位或几位学生作为销售对象。

3.搜集所售商品的岗位资讯。

4.做好行政事业组织市场推销前的各项准备工作。

【演练步骤】

1.资讯准备

• 熟悉所售商品的市场地位、品种、特征。

• 了解采购方的采购程序、采购人员的构成等情况。

• 了解采购方需求的相关情况。

• 了解同类商品的相关情况。

2.工作任务实施

• 针对采购单位，撰写所售商品的介绍。

• 每一位同学面对行政事业组织市场，进行商品的模拟销售。

3.工作检查与评价（见表3-1）

• 学生之间互评。

• 教师对每一位学生的推销礼仪、行为举止、衣着予以评价。

• 教师对每一位学生的模拟推销进行评价。

• 教师对每一位学生进行综合成绩的评定。

• 对于学生面对行政事业组织购买者的现实推销，予以分数奖励。

表3-1　　行政事业组织市场推销模拟考核表

班级：_____考核对象：_____考核时间：_____

评分项目	细化标准	优秀	良好	合格	不合格	得分
销售准备（20分）	准备充分，有样品或产品资料，形象设计合理，有详细的销售计划	18～20分	15～17分	11～14分	10分以下	
基本素质（20分）	仪表得体，态度诚恳，普通话标准，表达清楚流畅，谈吐自然，动作协调，应变能力强	18～20分	15～17分	11～14分	10分以下	

评分项目	细化标准		优秀	良好	合格	不合格	得分
销售设计 (40分)	销售过程清晰，并能在各个阶段中合理体现销售的技巧和方法	接近客户	9~10分	7~8分	5~6分	4分以下	
		介绍商品	9~10分	7~8分	5~6分	4分以下	
		异议处理	9~10分	7~8分	5~6分	4分以下	
		建议成交	9~10分	7~8分	5~6分	4分以下	
演示效果 (20分)	在规定的5~10分钟内，完成整个产品的销售过程且过程连贯，并使客户感到满意		18~20分	15~17分	11~14分	10分以下	
评价			得分小计				

实训项目四
电话推销实训

● 任务设计

销售人员利用电话向潜在的顾客介绍商品或者服务，以达到获取订单、成功销售的目的。

● 实训目标

1.能够比较专业地做好电话销售前的准备工作。
2.熟练地运用标准的普通话进行表达。
3.熟练地掌握电话推销的语言技巧。
4.掌握电话推销的具体步骤。

● 实训情境

以某一厂家销售代表利用电话进行推销和客户约见为实训情境，销售代表在该工作岗位完成相关的销售工作。

● 实训要求

参加实训的学生选择某一厂家的具体商品，根据实训步骤，填写相关内容，模拟完成的工作任务。

◎ 实训操作

　　电话推销是指通过电话推销产品和宣传公司的业务。电话推销要求推销员具有良好的沟通技巧、清晰的语言表达能力和一定的产品知识。电话作为一种方便、快捷、经济的现代化通信工具，目前在中国城市的普及率已达98%以上。最新调查表明，居民家庭电话除了用于和亲朋好友及同事间的一般联系之外，正越来越多地运用在咨询和购物方面，有65%的居民使用过电话查询和咨询业务，有20%的居民使用过电话预订和电话购物。电话推销作为近几年倍受企业青睐的销售模式，已被市场证明是有效的。电话推销已成为企业推销人员从事销售活动、与顾客保持联系的重要工作方式。推销员进行电话推销的操作步骤，如图4-1所示。

| 资讯准备 | 确定目标客户 | 规划电话推销的谈话内容 | 安排适当的时间 | 采取正确的态度 | 打电话 | 坚持到底 |

图4-1　电话推销操作步骤

第一步：资讯准备

一、熟悉产品
推销员必须熟悉自己的产品，找准产品的卖点。

二、准确地搜集客户的资料

推销员准确、全面地搜集客户资料，能让销售工作事半功倍。

> **操作实例 4-1**
> **建立客户档案，进行电话推销**
>
> 吉拉德在近中午时分给潜在的客户打电话："喂，柯太太，我是乔·吉拉德，雪佛兰麦若里公司的。我只是想让您知道，您订的车已经准备好了。"吉拉德只是从电话簿上了解到对方的姓名、地址和电话号码。这位柯太太不知道吉拉德在说什么，她告诉吉拉德："你可能打错了，我们没有订新车。"吉拉德问她："你确定吗？"她说："当然，如果已订了新车，我先生应该会先告诉我。"吉拉德说："请等一等，这儿是柯克莱家里吗？""不对，我先生的名字是史蒂。"吉拉德把它写下来，实际上吉拉德早知道，电话簿上写得清楚。"柯太太，很抱歉一早就打扰你，我相信你一定很忙。"她说没有关系，不管她说什么，吉拉德的目的就是不要让她挂断电话，想要让她继续讲下去。可能也没有人可以聊天，所以柯太太没有挂断。"柯太太，你们会不会正好打算买部新车？""没有，不过你应该先问我先生才对。"吉拉德说："噢，他什么时候在家呢？"

"他通常六点钟回来。"好了，吉拉德已经得到了想要的了。"好，柯太太，我再打来，该不会打扰你们吃晚饭吧？"柯太太说，他们要六点半才吃晚饭。

吉拉德下午六点钟再次打去电话："喂，柯先生，我是乔·吉拉德，雪佛兰麦若里公司的。我今天早晨和柯太太谈过，她要我在这个时候再打电话给您。我不知道您是不是想买一部新雪佛兰车？"他说："没有啊，现在还不买。"吉拉德接着说："那么，您想大概什么时候可能会准备买新车？"吉拉德直接提出这个问题，柯先生想了一会儿，告诉吉拉德一个答案。可能他只是想摆脱吉拉德，但是无论如何，他所说的可能正是他心里的意思。柯先生说："我看大概六个月后会需要换新车。"吉拉德说："好的，柯先生，到时候我再和您联络。噢，顺便请问一下，您现在开的是哪一种车？"柯先生告诉吉拉德现在的车型，吉拉德致谢后挂断了电话，同时记下了从谈话中所得到的一切资料，譬如他在哪里工作、他们有几个小孩、他开哪一类车型。吉拉德把一切资料存入档案卡，同时写在日记本上。在大约五个月以后（不是柯先生说的六个月）的某一天下午六点钟，吉拉德打电话给柯先生，想尽一切办法让他来店里买下了需要的新车。

这就是吉拉德从两分钟电话聊天里得到的宝贵客

推销实训

户档案。推销就像一种类似间谍的游戏。如果你想要卖东西给某人，就应该尽一切力量搜集出那个人的有关情报。如果你想卖打字机给公司，就应该从公司的接待员那里了解他们现在有多少部打字机、已经用了多久、多久修理一次、用的是哪一种机型、是买的还是租的、公司是否在扩张、会不会雇用新秘书、公司里由谁做采购决定。无论你推销的是什么产品，如果你每天肯花一点时间来做准备工作，那么很快你就会看到成效。

三、端正心态

电话推销员具备积极自信的心态非常重要。因为电话那边的顾客没有机会用自己的眼睛看到电话这边的推销员，他只能通过推销员的言谈勾画出对方的形象。电话推销员对自己的信心，往往也是得益于顾客带给他们的信心。如果电话推销员把自己看作是重要的人物，电话对方的顾客也会那么看。同样做电话推销，那些具备积极心态的推销员在业绩上往往大大超过其他推销员。一般来说，电话推销员打电话时应具备以下心态：

四、端正姿势，面带笑容

电话推销员在与顾客进行电话交流时，虽然彼此看不见，但笑容和声音能表达出说话人的态度和情绪，这种态度和情绪会传到对方的耳中，感染对方。

操作实例 4-2
针对"长城电脑"的电话推销

长城电脑公司的李经理将开拓兴旺通信公司的业务交给小王来负责。兴旺通信公司对于长城电脑公司来讲是一家新客户。为了确保赢得这家客户的业务，小王首先登录到兴旺通信公司的网页上，了解兴旺通信公司的组织结构、经营理念、通信地址和电话，然后把这些资料记录到顾客资料中。接着又给一位比较熟悉兴旺通信公司内部情况的朋友打了一个电话，详细地了解了兴旺通信公司的电脑硬件和软件的需求更新情况，得知该公司的黄主任负责电脑采购的具体工作。在此基础上，小王开始了他的电话推销。

推销员："您好，请问黄主任在吗？"

黄主任："我是。"

推销员："黄主任，您好！我是长城电脑公司的销售代表王明。这里有一个非常好的资讯要告诉您，您现在通话方便吗？"

黄主任："什么事？请说！"

推销员："黄主任，谢谢您能接听我的电话，相信您一定听说过我们公司生产的长城牌电脑。"

黄主任："哦，我知道。"

推销员："我听说贵公司最近要更新一部分电脑，希望能有机会拜访您并当面介绍一下我们公司的长城牌电脑。您看是在本周三上午10点还是下午3点拜访您比较方便？"

黄主任："哎呀，最近比较忙，找我的人也很多，应付不过来。这样吧，你先把你们的商品介绍和报价单寄过来，我们研究一下再与你联络，好吗？"

推销员："黄主任，您这么忙，充分说明您是贵公司不可缺少的人物。公司生意如此兴旺，这与您的努力是分不开的。我想，您一定是总经理最信赖的中层干部，他将如此重要的工作交给您负责办理就说明了这一点。不好意思，给您添麻烦了，如果不是对贵公司发展非常有利的重大事情，我也不会麻烦您。这样吧，我马上将长城电脑的资料先快递给您，最迟明天下午就会送到，麻烦您先看一下。根据我的调查，我认为，我们公司开发的几款新商品非常适合像贵公司这样发展迅速的企业使用，可以提高工作效率15%以上。本周五我会再打电话过来和您讨论其中的重点，不知您是本周五的上午10点还是下午3点比较方便？"

黄主任："谢谢夸奖，等我看过资料以后再说吧！"

推销员："谢谢您，黄主任。我希望您能给我一个机会让我亲自为您讲解，不知您在本周五的上午10点还是下午3点比较方便？"

黄主任："哎呀，这些时间我都不方便。"

推销员："很抱歉，您这么忙。不过，请您放心，我不会打扰您太长时间，只需要10分钟的时间做产品介绍，方便您决策时参考，您看什么时间方便？"

黄主任："那就本周星期天的上午10点在梦想茶楼见面吧。"

推销员："好啊，黄主任，本周星期天上午10点，我就在梦想茶楼门前恭候您的光临。打扰您了，再一次向您表示感谢，我们星期天上午见。"

第二步：确定目标客户

1.目标客户在哪里？

_____

_____

2.最有可能使用你公司产品的客户是哪些？

_____

_____

如何判断这个人就是你要找的关键人呢？关键人一般具有以下3个特征，我们可以用英文的MAN来表示。M

表示有钱，关键人必须有预算来购买你的产品；A表示有权，关键人必须有采购决策权或对决策有重要影响；N表示有需求。

第三步：规划电话推销的谈话内容

一、开场白设计

为了克服电话推销中的缺点，提高推销成功率，在注意礼仪赢得顾客好感的基础上，推销人员必须规划电话推销的谈话内容。如果推销人员的电话谈话内容漫无目的，顾客就不会产生兴趣。所以在进行电话推销之前，必须要充分地做好准备工作，把开场白和想要表达的内容依照顺序排列出来，对谈话内容进行演练，努力按照一般的谈话方式，以很自然的方式表达出来。

岗位资讯4-1

"开场白"的设计方法

1.电话推销开场白之一：直截了当开场法

销售员："你好，朱小姐/先生吗？我是某公司的医学顾问李明，抱歉打扰你的工作/休息，我们公司现在要做一次市场调研，能否请您帮个忙呢？"

顾客朱："没关系，是什么事情？"

2.电话推销开场白之二：同类借故开场法

销售员："朱小姐/先生，我是某公司的医学顾问李明，我们没见过面，但可以和你交谈1分钟吗？"

顾客朱可能回答，"我很忙"或者"正在开会"或者以其他原因拒绝。

销售员最好说，"那我1个小时后再打给你，谢谢。"然后，销售员要主动挂断电话。

当1个小时之后再打电话过去时，应该营造一种很熟悉的气氛，以缩短与顾客的距离感："朱小姐/先生，你好！我姓李。1小时前我来过电话的……"

3.电话推销开场白之三：他人引荐开场法

销售员："朱小姐/先生，您好，我是某公司的医学顾问李明，您的好友王华是我们公司的忠实用户，是他介绍我打电话给您的，他认为我们的产品也许比较符合您的需求。"

顾客朱："王华？我怎么没有听他讲起这件事呢？"

销售员："是吗？真不好意思，估计王华先生最近因为其他原因，还没来得及给您介绍吧。您看，我这就心急地主动打来电话了。"

顾客朱："没关系的。"

销售员："那真不好意思，我向您简单地介绍一下我们的产品吧……"

4.电话推销开场白之四：自报家门开场法

销售员："朱小姐/先生，您好，我是某公司的医学顾问李明。不过，这可是一个推销电话，我想您不会一下子就挂断电话吧？"

顾客朱："你准备推销什么产品？"（若遇到这样的回答，销售员就可以直接进入产品的介绍阶段）

顾客朱也可能回答："推销产品的专搞欺骗，我最讨厌推销的人了！"

销售员："那我还真的要小心了，别让您再增添一个讨厌的人了，呵呵。"

顾客朱："呵呵，小伙子，还挺幽默的，准备推销什么产品，说来听听。"

销售员："是这样的，最近我们公司的医学专家团，正在做一次关于×××市场的调研，不知您对我们的产品有什么看法和建议？"

5.电话推销开场白之五：故意找茬开场法

销售员："朱小姐/先生，您好，我是某公司的医学顾问李明，最近可好？不知您还记得我吗？"

顾客朱："还好，你是？"

销售员："是这样的，我们公司主要是销售××产品的，您在半年前给我们打过咨询电话，我们曾提供给您一些试用产品。这次打电话给您，就是想咨询一下对我们的产品，您还有什么宝贵的意见和建议。"

顾客朱："你打错了吧，我用的不是你们的产品。"

销售员："不会吧，难道是我的顾客回访档案记录错了？真不好意思，能冒昧地问一下，您当前使用的是什么品牌的美容产品吗？"

顾客朱："我现在使用的是××品牌的美容产品……"

6.电话推销开场白之六：故作熟悉开场法

销售员："朱小姐/先生，您好，我是某公司的医学顾问李明，最近可好？"

顾客朱："还好，您是？"

销售员："不会吧，朱小姐/先生，您贵人多忘事啊，我是李明啊。工作压力大还是要注意身体的。对了，您使用了我们的美容产品，感觉效果还好吧，最近我们刚推出一种服务套餐，不知您可感兴趣？"

顾客朱："你可能打错了吧，我并没有使用你们的产品呀。"

销售员："难道是我的顾客回访档案记录错了？朱小姐/先生，那真不好意思！我能否顺便为您介绍一下我们的产品，提供一些服务吗？"

顾客朱："看你对用户挺关心的，那就先介绍一下吧。"

7.电话推销开场白之七：从众心理开场法

销售员："您好，朱小姐/先生，我是某公司的医学顾问李明，我们公司是专业从事××抗衰美容产品销售的。我打电话给您的原因是因为目前我们的产品成功地帮助了许多人快速达到延缓衰老的效果，我想请教一下您在抗衰美容产品方面使用的是哪个牌子的产品？"

顾客朱："是吗？我目前使用的是××品牌的美容产品。"

8.电话推销开场白之八：巧借东风开场法

销售员："您好，请问是朱小姐/先生吗？"

顾客朱："是的，什么事？"

销售员："您好，朱小姐/先生，我是某公司的医学顾问李明，今天给您打电话主要是感谢您对我们公司一直以来的支持，谢谢您！"

顾客朱："这没什么！"

销售员："为答谢老顾客对我们公司一直以来的支持，公司特地准备一次优惠酬宾活动，我想，朱小姐/先生一定会很感兴趣的！"

顾客朱："那说来听听！"

9.电话推销开场白之九：制造忧虑开场法

销售员："您好，请问是朱小姐/先生吗？"

顾客朱："是的，什么事？"

销售员："我是某公司的医学顾问李明，我打电话给您的原因主要是：不少顾客都反映现在的美容产品多是治标不治本，一旦停止使用，马上就会反弹，想请教一下您对这种问题的看法。"

顾客朱："是的，……"

顾客也可能这么回答："不好意思，我不清楚。"这时，销售员要赶快接话："那请问朱小姐/先生，目前使用的是什么品牌的产品？"

有效"开场白"的目的就是让顾客在最短的时间内，对电话销售员感兴趣、对谈话的内容感兴趣，在交谈中能够很快地进入关键问题，而不是很快地挂断电话。推销人员应反复操练所准备的谈话内容，做到自然、随和。可在其他人的面前预演电话推销谈话的内容，或打电话给其他推销人员进行"彩排"，尽可能地去预想顾客可能提出的问题或反对意见，说服的方法应有弹性，能有效地针对不同类型的顾客。

操作实例 4-3

会前邀约跟踪——
"产品说明会客户邀约确认"话术

公司客户服务代表：

"高明先生，您好！我是××保险公司的客户服务代表。冒昧地打扰您。俗话说得好：'吃不穷，穿不穷，不会理财一世穷。'然而，在过去的 2008 年，一场席卷全球的金融危机让我们记忆犹新，给我们日常的工作和生活带来了巨大的影响。那么，在金融危机形势下，如何科学地进行家庭理财呢？本公司将于 2009 年 1 月 11 日举办一场'拥抱财富——金融危机形势下如何科学地进行家庭理财'的专家报告会。关于这次会议，我们的业务经理向红是否已经向您介绍过？"

若高明答："是。"

公司客户服务代表："我们想确认一下您是否能来参加会议。"

若高明答："能。"

公司客户服务代表："那么在 9 日、10 日两天内，我们的业务经理向红将会把本公司的邀请函送到您的手中，届时我们将恭候您的光临！再见！"

若高明答："没有时间。"

公司客户服务代表："这次会议将在我市华天大酒店召开。届时，将会有市政府主要领导及我市诸多成功人士参加。同时，我们还将邀请湖南省著名经济学博士和投资理财专家做专场讲座。

我认为，时间是挤出来的。像您这样的成功人士也一定知道合理安排时间的重要性。这次专家报告会是本公司历年来规格最高的一次，机会难得！我们代表公司真诚地邀请您参加这次会议，期待您在11日下午3：00能准时到会，您看可以吗？"

若高明同意参会，则回到前面的话术。

若客户仍然拒绝。则公司客户服务代表可以这样回答："很抱歉打扰您，谢谢您的配合。如果日后您有保险理财方面的需求，请与我们的业务经理联系，我们将竭诚为您服务，再见！"

操作实例4-4

会后跟踪——
"产品说明会意向保费迂回收款"话术

在每次公司举办的产品说明会上，都会有很多的客户在现场热烈的氛围下签下一笔笔大单，但客户往往过后冷静一考虑，又会以各种借口拖延交费。如何让这一份份数额不菲的保单真正生效？让现场签单的客户尽早将保费如约交至公司呢？该保险公司又设计了一种迂回促成销售的脚本，如下：

"您好！高明先生，我是××保险公司的客户服务代表，冒昧打扰您。公司记录中显示，您于某月某日在我公司举办的'拥抱财富——金融危机形势下如何科学地进行家庭理财'的专家报告会上现场签单××万元，在此感谢您对我公司的支持和信任！同时，根据您所购买的险种及所交的保费，您将享有本公司为您提供的××旅游（或其他活动）。现在，我们即将开始免费为您办理有关此项活动的相关手续，请您与我们的业务经理向红联系，并在她的指导下将您的身份证及相关资料交至公司，好吗？"

若客户提出此保单还尚未交费，可以这样回答：

"高明先生，今天是×月×日，您只需在3天以内将保费交到本公司就可以了。我们在专家报告会上对您的承诺将不会有任何改变，您仍然可以参加公司组织的各项活动。再次感谢您对我们公司的支持和信赖，能拥有您这样高品质的客户是我们的荣幸，我们将竭诚为您服务。最后，祝您心想事成，万事如意！再见！"

二、迅速切入正题

在客户愿意听下去时，电话销售人员就要迅速地切入谈话正题。不要认为迅速进入正题会冒犯客户，生意人最注重的还是实在的利益，你必须尽快地以产品能给他们带来利益作为谈话的内容，再次引起客户对你的兴趣。

三、强调自身价值

电话销售人员在描述产品时，应该主要说明产品能够帮助客户解决哪些实际问题，能够为客户创造哪些价值和利益，这样客户才会容易接受你的东西。

第四步：安排适当的时间

除非你每周安排固定的时间去打电话，否则你永远不要打推销电话。这个意思是，将你打推销电话的时间安排在潜在客户最有可能同意未来进行一次会面的时候。

第五步：采取正确的态度

你在打推销电话中的大多数成功案例，并不一定取决于你掌握的产品或你的线索质量，而是在于你在打推销电话过程中的态度。

第六步：打电话

现在准备好打你的推销电话了。请记住，打推销电话是一个取消线索资格的过程，而不是为你的销售渠道找到潜在客户。

操作实例4-5
乔希·斯奈德的推销电话

"里克先生，我是来自Ace Delivery公司的乔希·斯奈德。我想占用45秒的时间，告诉你我为什么打电话，然后你可以告诉我，我们是否可以继续。我和小型制造企业的业主合作，因为即使他们按时完成了工作，他们的客户也没有按承诺准时收到他们的订货，这让企业的业主经常感到沮丧不已。面对不断增加的竞争，他们关注留住客户，而且也在寻找提高产品交付的可靠性和一致性的方法。里克先生，我所提到的这些问题你也遇到过吗？或者你的事情100%运转顺利？"

按照上述语言询问后，推销人员在不到45秒内，就会知道是否能够帮助电话那一端的人。如果客户没有遇到任何你能解决的问题，那么就应该礼貌地挂断电话。

第七步：坚持到底

在45秒钟的限制时间里，现在已经过去了30秒，你要么继续去给下一位潜在的客户打电话，要么和对方开始一次谈话（或建立一次谈话），以讨论一起合作的可能性。

一次失败的电话销售

数月以前，我接到一个推销电话。这是××公司在做笔记本电脑的促销活动，他们开始时以为我是潜在的客户。

销售员："先生，您好，这里是 HR 公司个人终端服务中心，我们在搞一个调研活动，您有时间回答我们两个问题吗？"

我说："你讲。"

销售员："您经常使用电脑吗？"

我说："是的，工作无法离开电脑。"

销售员："您用的是台式机还是笔记本电脑。"

我说："在办公室，用的是台式机，在家就用笔记本电脑。"

销售员："我们最近针对笔记本电脑，有一个特别优惠的促销活动，您是否有兴趣？"

我问："你是在促销笔记本电脑吧？不是在搞调研吧？"

销售员："是，但是……"

我说："你不用说了，我现在对笔记本电脑没有购买兴趣。因为我有了，而且，现在用得很好。"

销售员："不是，我的意思是，这次机会很难得，所以，我……"

我问："你做电话销售多长时间了？"

销售员："不到两个月。"

我问："在开始上岗前，HR公司给你们做了电话销售的培训了吗？"

销售员："做了两次。"

我问："是外请的电话销售专业公司为你们培训的，还是你们的销售经理给做的培训？"

销售员："是销售经理。"

我问："培训了两次，一次多长时间？"

销售员："一次大约就是两个小时吧，就是说了说，也不是特别正式的培训。"

我问："你现在做这个笔记本电脑的电话销售，成绩如何？"

销售员："其实，我们遇到了许多的销售过程中的问题，销售成绩不是很理想。"

这番对话没有终止在这里，我们继续谈了大约半小时。我向她讲解了销售培训中应该提供的知识以及她们的销售经理需要为她们提供的各种工作中的辅导。

⊙ **实训检查**

1.强调电话推销准备工作的重要性。

2.提示学生设计电话推销开场白的原则。

3.进行组与组之间的电话推销模拟。

4.设计工作成果评价要点。

5.交叉评价各组的工作成果。

6.点评各组的工作。

7.邀请企业兼职教师参与点评工作。

◎ 工作岗位讨论

1.哪些商品适合通过电话来推销？

2.电话推销时，如何防止顾客的挂机拒绝？

3.列举在电话推销中的错误行为和表述方法。

4.电话推销时，应该是推销员说得多还是顾客说得多？

5.列举电话推销时顾客常见的拒绝语言。

◎ 工作岗位实例分析

背景资料4-1

针对"长城服务器"的电话推销

销售员："您好，您是实力润滑油有限公司的吗？打开你们的网站浏览好像反应很慢，谁是网络管理员，请帮我接电话。"

前台："我们网站很慢吗？好像速度还可以呀。"

销售员："你们使用的是内部局域网吗？"

前台："是呀！"

销售员："所以，应该会比在外面访问要快。但是，我们现在等35分钟，第一页还没有完全显示出来，你们有网管吗？"

前台："您等一下，我给您转过去。"

销售员："请问，网管怎么称呼？"

前台："有两个呢，我也不知道谁在，一个是小吴，一个是小刘。我给您转过去好吧。"

销售员："谢谢！"（等待中）

刘芳："你好！你找谁？"

销售员："我是长城服务器的客户顾问，我刚才访问你们的网站，想了解一下有关奥迪专用润滑油的情况，你看都10分钟了，怎么网页还没有显示呢？您是？"

刘芳："我是刘芳，不会吧？我这里看还可以呀！"

销售员："你们使用的是内部局域网吗？如果是，你是无法发现这个问题的，如果可以用拨号上网的话，你就可以发现了。"

刘芳："您怎么称呼？您是要购买我们的润滑油吗？"

销售员："我是'长城服务器'的客户顾问，我叫曹力。我平时也在用你们的润滑油，今天想看一下贵公司网站上的一些产品技术指标，结果发现你们的网站非常慢。是不是有病毒了？"

刘芳："不会呀！我们是有防毒软件的。"

曹力："那就是带宽不够，不然不应该这么慢的。以前有过类似的情况发生吗？"

刘芳："好像没有，不过我是新来的，我们的网管主任是小吴，他今天不在。"

曹力："没关系，你们网站是托管在哪里的？"

刘芳："好像是西城电脑局网络中心。"

曹力："哦，用的是什么服务器?"

刘芳："我也不知道!"

曹力："没关系，我在这里登录，似乎是服务器响应越来越慢了，有可能是该升级服务器了。不过，没有关系，小吴何时来?"

刘芳："他明天才来呢，不过我们上周的确是讨论过要更换服务器的事了，因为企业正考虑加快网络建设来管理全国1 300多个经销商了!"

曹力："太好了，我看，我还是过来一次吧，也有机会了解一下我用的润滑油的情况。另外，咱们也可以聊聊有关网络服务器的事情。"

刘芳："那你明天就过来吧，小吴肯定会在。"

曹力："好，说好了，明天见!"

【问题讨论】

1.在上述电话推销的过程中，存在哪些对话上的问题?

2.曹力应做哪些后续的工作?

背景资料 4-2

针对"打印机"的电话推销

销售员："您好，请问李峰先生在吗?"

李峰："我就是，您是哪位?"

销售员："我是××公司打印机客户服务部的章程，我这里有您的资料记录，你们公司去年购买了××公司的打印机，对吗？"

李峰："哦，是，对呀！"

章程："保修期已经过去了7个月，不知道现在打印机的使用情况如何？"

李峰："好像你们公司派人来维修过一次，后来就没有问题了。"

章程："太好了。我给您打电话的目的是想告诉您，这个型号的机器已经不再生产了，以后的配件也比较昂贵，提醒您在使用时要尽量按照规程操作。您在使用时阅读过《使用手册》吗？"

李峰："没有呀，不会这么复杂吧？还要阅读《使用手册》？"

章程："其实还是有必要的。虽然不阅读也可以，但使用不当的话，打印机的寿命就会降低。"

李峰："我们也没有指望用一辈子，不过，最近业务还是比较多，如果坏了该怎么办呢？"

章程："没关系，我们会上门维修的，虽然收取一定的费用，但还是要比购买一台全新的便宜。"

李峰："对了，现在再买一台全新的打印机是什么价格？"

章程："看您需要什么型号的，您现在使用的是××公司3330型号，后续的升级产品是4100型号。"

李峰："最近的打印量开始多起来了，有的时候超过10 000张了。"

章程："要是这样，我还真要建议您考虑4100型号了，4100型号的建议使用量是每月打印15 000张A4纸，而3330型号的建议使用量是每月打印10 000张A4纸，如果超过了会严重影响打印机的寿命。"

李峰："你能否给我留一个电话号码，年底我可能考虑再买一台，也许就是后续产品。"

章程："我的电话号码是888××××转999。对了，你是老客户，年底还有一些特殊的优惠，不知道你何时可以确定要购买，也许我可以将一些好的政策优惠给你保留一下。"

李峰："什么优惠？"

章程："4100型号的，渠道销售价格是12 150元，如果作为3330型号的使用者购买的话，可以按照8折来购买或者赠送一些您需要的外设，主要看您的具体需要。这样吧，您考虑一下，然后再联系我。"

李峰："等一下，这样吧，我们营销部的办公室正需要添加一台打印机，基本上就这么定了，是你送货还是我们来取？"

章程："都可以。如果您不方便，还是我们过来吧，您看送到哪里，什么时间合适？"

【问题讨论】

1.章程的电话推销成功之处在哪里？

2.章程的电话推销还有哪些需要改进的地方？

◎ 工作岗位角色演练

演练项目：服务项目电话推销

【演练目的】

1.掌握服务项目电话推销前应进行的准备工作。

2.有效设计服务项目电话推销的开场白。

3.掌握服务项目电话推销的具体步骤。

4.训练服务项目电话推销中与顾客有效沟通的方法。

【演练要求】

1.每位学生选择一项服务进行电话推销的模拟。

2.自选一位同学作为销售对象，进行电话推销模拟。

3.搜集所售服务项目的岗位资讯。

4.做好电话推销前的各项准备工作。

【演练步骤】

1.资讯准备

● 熟悉所售服务项目所处的市场地位及其品种、特征。

● 了解同类服务项目的相关情况。

● 有效地搜集推销对象各方面的情况。

● 合理地设计电话推销的开场白。

2.工作任务实施

● 针对服务项目和顾客的特点，撰写电话推销方案。

● 进行服务项目的模拟电话推销。

3.工作检查与评价（见表4-1）

● 学生互评。

● 教师对每位学生的电话模拟推销进行评价。

● 教师对每位学生进行综合成绩的评定。

● 对参与现实电话推销实践的学生予以分数奖励。

表 4-1　　　　　**服务项目电话推销模拟考核表**

班级：_____考核对象：_____考核时间：_____

评分项目	细化标准		优秀	良好	合格	不合格	得分
销售准备 （20分）	熟悉推销服务项目，通过有效的渠道正确寻找电话推销顾客的信息，设计有效的电话推销话术		18~20分	15~17分	11~14分	10分以下	
基本素质 （20分）	仪表得体，态度诚恳，普通话标准，表达清楚流畅，谈吐自然，动作协调，应变能力强		18~20分	15~17分	11~14分	10分以下	
电话推销 （40分）	电话推销过程清晰，并能在各阶段中合理体现打电话的技巧和方法	开场白	9~10分	7~8分	5~6分	4分以下	
		切入主题	9~10分	7~8分	5~6分	4分以下	
		异议处理	9~10分	7~8分	5~6分	4分以下	
		建议成交	9~10分	7~8分	5~6分	4分以下	
演示效果 （20分）	在规定的5~10分钟内完成整个电话推销，开场合理，与顾客沟通顺利，并使客户感到满意		18~20分	15~17分	11~14分	10分以下	
评价				得分小计			

154　　　　　　　　　　　　　　　　　　　　　　　推销实训

主要参考文献

［1］徐旗.推销员［M］.北京：中国经济出版社，2003.

［2］韩光军，周宏.零售店人员培训与管理教程［M］.北京：经济管理出版社，2004.

［3］韩广华.推销技术［M］.北京：中国财政经济出版社，2005.

［4］寇长华.卖场岗位综合实训［M］.上海：上海财经大学出版社，2006.

［5］梁梓聪.快销手1：快消品销售士兵突击［M］.广州：广东经济出版社，2009.

［6］梁梓聪.快销手2：快消品销售团队经理手册［M］.广州：广东经济出版社，2009.

［7］王方.推销实务［M］.大连：东北财经大学出版社，2013.

［8］王方.市场营销综合实训［M］.北京：中国财政经济出版社，2015.

［9］丁兴良，张丹.工业品企业促销策略革命［M］.北京：经济管理出版社，2008.

［10］彭石普.商品推销能力教程［M］.北京：北京邮电大学出版社，2009.

［11］韩虹.推销员基本技能［M］.北京：中国劳动社会保障出版社，2010.

［12］王露.最新推销员培训与管理全书［M］.北京：中共党史出版社，2010.

［13］新编销售人员管理必备制度与表格编委会.新编销售人员管理必备制度与表格［M］.北京：企业管理出版社，2010.

［14］童旭红，范小青.推销实务［M］.北京：中国人民大学出版社，2013.

［15］雷克汉姆 N.销售巨人——大订单销售训练手册［M］.石晓军，译.北京：企业管理出版社，2006.